셜록 홈즈 두뇌 게임

셜록 홈즈 두뇌 게임
범죄 사건으로 퍼즐 풀기

피에르 벌로퀸 지음 | 최지원 옮김

문예춘추사

Contents

서문

이 책은 읽는 게 아니다.
마음껏 즐겨라!

기존의 책처럼 챕터별로 한 장 한 장 순서대로 읽는 것이 아니라, 퍼즐 하나를 풀 때마다 여기 저기 껑충껑충 뛰어다니며 셜록 홈즈의 흔적과 행동, 퍼즐을 추적하는 재미를 느껴보라. 우리의 명탐정이 사건을 추리할 때처럼 말이다! 서로 얽혀 있는 두 가지 도전이 여러분을 기다리고 있다.

도전 1 각 챕터에는 홈즈와 왓슨이 풀어야 할 22개의 퍼즐이 들어 있다. 셜록 홈즈의 여섯 단편을 통해 우리에게 친숙한 등장인물과 배경, 놀라운 사건을 바탕으로 하고 있다. 더 큰 즐거움을 위해 약간의 각색으로 미스터리 난이도를 높였으며, 홈즈와 왓슨이 원작에서 상대한 것보다 더 많은 장애물을 설치했다.

도전 2 챕터마다 지도가 포함되어 있다. 지도를 찢어서 옆에 두고 퍼즐을 풀어나가라. 퍼즐을 푼 뒤 아래쪽 박스 안에 있는 해답 혹은 힌트를 보면 여러분이 다음에 풀어야 할 퍼즐로 안내할 것이다. 미로처럼 지도 속을 여기저기 돌아다니며 다음에 찾을 퍼즐로 점프하라.

행운이 함께하길!

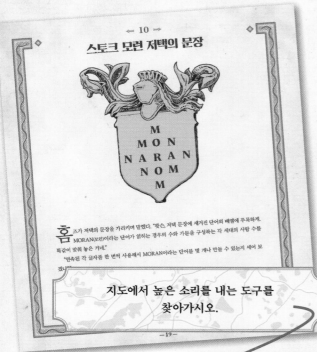

→ 10 ←
스토크 모런 저택의 문장

> M
> M O N
> N A R A N
> N O M

홈즈가 저택의 문장을 가리키며 말했다. "왓슨, 저택 문장에 새겨진 단어의 배열에 주목하게. MORAN(모런)이라는 단어가 얽히는 경우의 수와 가문을 구성하는 각 세대의 사람 수를 똑같이 맞춰 놓은 거네."
> "연속된 각 글자를 한 번씩 사용해서 MORAN이라는 단어를 몇 개나 만들 수 있는지 세어 보겠나?"

> 지도에서 높은 소리를 내는 도구를
> 찾아가시오.

—19—

1. 퍼즐을 풀고 나면 상자 안의 힌트가 다음엔 지도에서 어디로 가야 할지 가르쳐줄 것이다.

2. 지도는 다음에 풀어야 할 퍼즐 번호를 알려준다. 챕터별로 이에 따라 남은 퍼즐을 계속해서 풀어나가라.

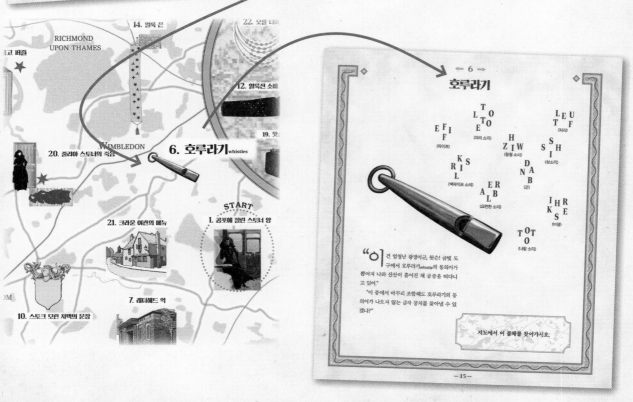

RICHMOND
UPON THAMES

14. 얼룩 끈

22. 오빌 다이

12. 얼룩진 소매

19. 왓슨

WIMBLEDON

20. 줄리아 스토너의 죽음

6. 호루라기 whistles

21. 크라운 여관의 메뉴

START
1. 공포에 질린 스토너 양

10. 스토크 모런 저택의 문장

7. 레더헤드 역

→ 6 ←
호루라기

> T
> E F I F T O
> F I (파이프) L T O (파리 소리) H Z I W (휘파람 소리) D A B (관) S S H (쉿소리)
> K R I L S (백파이프 소리) E R A L B (요란한 소리) I K S (휘양)
> I H R E
> T O T O (트림 소리)
>
> L E U F (파이프) T I S H
> N D A B

> **"이**건 엄청난 광경이군, 왓슨! 금빛 도구에서 호루라기whistle의 동의어가 뿜어져 나와 산산이 흩어진 채 공중을 떠다니고 있어."
> "이 중에서 아무리 조합해도 호루라기의 동의어가 나오지 않는 글자 뭉치를 찾아낼 수 있겠나?"

> 지도에서 이 물체를 찾아가시오.

—15—

—7—

얼룩 끈

우리의 명탐정을 창조한 작가 아서 코난 도일 경은 셜록 홈즈의 모험 중에서 이 단편을 단연 으뜸으로 꼽는다. 음모와 액션, 추리를 결합한 이 완벽한 미스터리 작품은 1883년 처음 발표된 이래로 독자들에게 큰 사랑을 받아왔다. 코난 도일은 이 이야기를 너무 좋아해서 희곡으로 각색해 무대에 올렸고, 연극도 원작만큼 큰 성공을 거두었다. 「얼룩 끈」은 홈즈의 세계로 떠나는 우리의 첫 번째 모험이다. 배경이 되는 장소는 런던의 베이커 가와 서리주 레더헤드 인근에 자리한 스토크 모런 저택이다. 이야기가 진행되면서 캐릭터들은 열차와 마차를 통해 위의 두 장소를 오간다.

서론에서 설명한 대로 이 챕터에 첨부된 지도를 찢어 여행의 길잡이로 삼으세요. 이번 챕터에서 마주할 기묘한 장소와 사건을 파헤쳐나가는 데 꼭 필요한 도구입니다.

다음 페이지의 첫 번째 퍼즐부터 풀고, 상자 안에 있는 힌트를 따라 지도에서 다음 퍼즐의 번호를 찾으세요. 지도의 제목 위에 적힌 번호를 보고 같은 챕터의 해당 퍼즐로 이동합니다.

퍼즐을 하나씩 풀 때마다 지도로 갔다가 다시 퍼즐로 돌아오기를 반복하며 끝까지 완성하세요.

공포에 질린 스토너 양

사월의 어느 이른 아침, 검은 옷을 입고 짙은 베일을 쓴 젊은 여인이 런던행 기차에 몸을 실었다. 스토너 양은 너무나 불안하고 두려운 나머지 유명 탐정 셜록 홈즈를 만나 조언을 구하러 가는 길이었다. 손에 쥔 유리 큐브는 죽은 쌍둥이 자매가 준 것으로, 스토너 양의 흔한 이름이 다섯 면에 새겨져 있었다. 그녀가 오자 홈즈는 즉시 친구이자 동료인 존 왓슨 박사를 깨웠다.

왓슨의 침대맡에 선 홈즈가 말했다. "갑자기 깨워서 미안하네, 왓슨. 젊은 여성분이 무척 흥분한 상태로 찾아와서는 날 보겠다고 고집하지 뭔가."

"그런데 글자가 적힌 신기한 큐브를 들고 있어. 자네가 해독해줄 수 있겠나?"

지도에서 워털루 역을 찾아가시오.

스토크 모런 저택

헬렌 스토너의 의붓아버지 로일롯이 소유한 스토크 모런 저택과 사유지에 도착하자 예리한 탐정의 눈에 하나의 퍼즐이 펼쳐졌다.

홈즈가 왓슨에게 물었다. "저택의 몇몇 부분이 시계방향으로 틀어져서, 각 조각이 하나씩 밀린 위치에 놓여 있다고 상상해보게. 그걸 다시 올바르게 정렬할 수 있겠나?"

어긋난 조각의 숫자가
당신이 지도에서 찾아야 할 번호다.

만다라 숫자판

21   13

7    14

35   28

로 일롯이 인도 캘커타에서 의사로
   일했다는 사실을 알게 된 셜록
은 왓슨에게 게임을 하나 제안한다.

　"만다라는 캘커타에서 널리 쓰이는
상징이지. 여기서 규칙에 맞지 않게 혼자
만 동떨어진 숫자가 보이나?"

**관련성이 없는 숫자를 찾아
지도에서 그 번호를 찾아가시오.**

CHAPTER 1

얼룩 끈

MAP

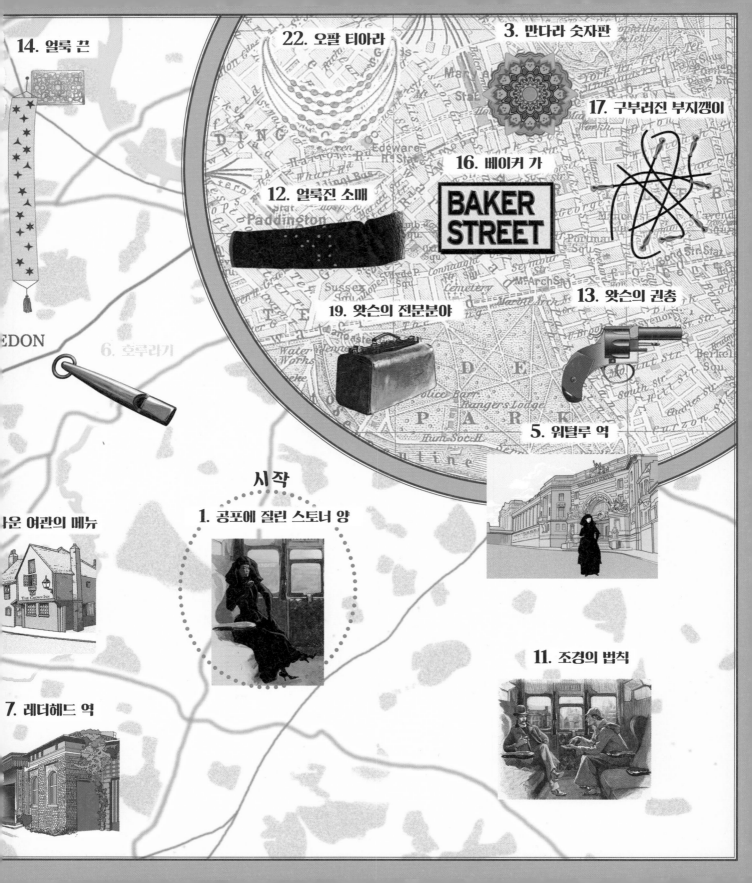

14. 얼룩 끈

22. 오팔 티아라

3. 만다라 숫자판

17. 구부러진 부지깽이

16. 베이커 가

BAKER STREET

12. 얼룩진 소매

13. 왓슨의 권총

19. 왓슨의 전문분야

6. 호루라기

5. 워털루 역

시작

1. 공포에 질린 스토너 양

운 여관의 메뉴

11. 조경의 법칙

7. 레더헤드 역

얼룩 끈

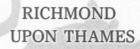
RICHMOND
UPON THAMES

23. 치명적인 살무사

18. 로일롯 박사의 금고 퍼즐

15. 헝클어진 목줄?

9. 성냥개비 퀴즈

ADDER!

20. 줄리아 스토너의 죽음

WIMBL

8. 친근한 개코원숭이

21. 크

4. 어슬렁거리는 치타

EPSOM

2. 스토크 모런 저택

10. 스토크 모런 저택의 문장

LEATHERHEAD

BAKER
STREET

0

어슬렁거리는 치타

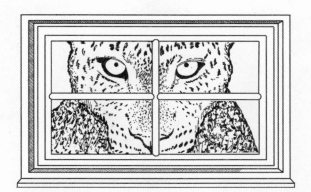

TIGER 호랑이
LION 사자
JAGUAR 재규어
LEOPARD 표범
CARACAL 카라칼
SERVAL 서발
COLOCOLO 콜로콜로
KODKOD 코드코드
OCELOT 오실롯
ONCILLA 호랑고양이
LYNX 스라소니
BOBCAT 보브캣
MARGAY 마게이
COUGAR 퓨마
CAT 고양이
CHEETAH 치타

"**무**서워하지 말게, 왓슨." 셜록이 소리쳤다. "창밖에서 우릴 쳐다보는 치타는 그저 호기심에 저러는 걸세. 잘 길들여진 놈이라 우릴 해치지 않을 게 분명해. 고양잇과 포유류가 전부 그런 건 아니지만 말이야."

이 말이 끝나기가 무섭게 셜록과 왓슨은 의기투합해서 두 사람이 생각해낼 수 있는 고양잇과 동물의 목록을 만들었다. 아래 문자판을 좌에서 우, 우에서 좌, 혹은 위아래로 읽어 보면 오른쪽 목록에서 한 동물이 빠져 있다.

```
D N R E G I T H C T A C
N O I L E U R C G U O C
R A U Y A L E O P A R D
D E Z N O Z R U R A M F
P I D X O J A G U A R S
C A R A C A L A E A L E
A T O L E C O R R E O R
C O L O C O L O I H C V
C U N N A K O D K O D A
C H E E T A H T T O R L
T A C B O B M A R G A Y
```

이름이 빠져 있는 동물이 위에서 몇 번째인지 지도에서 그 숫자를 찾아가시오.

워털루 역

헬렌 스토너는 택시를 타기 위해 런던의 워털루 역을 급히 빠져나왔다. 정신이 사나워진 그녀의 눈에는 주변 모든 것이 혼란스러워 보였다. 홈즈는 스트레스 때문에 좌우로 뒤집힌 스토너 양의 마음속 풍경을 몇 분할로 나누어 그린 후, 다음과 같이 왓슨을 도발했다.

"움직이거나 뒤집어지지 않은 조각이 몇 개인지 셀 수 있겠나?"

지도에서 셜록 홈즈가 사는 런던 거리를
찾아가시오.

호루라기

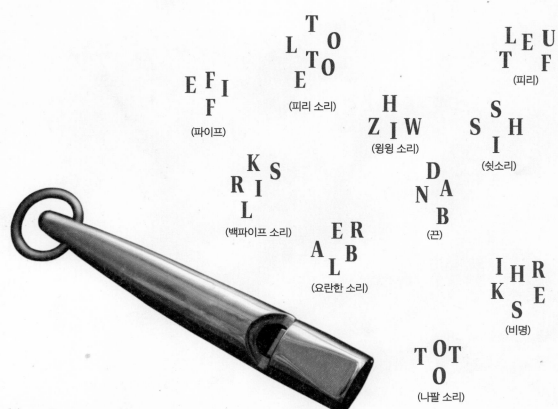

T
L TO
E O
(피리 소리)

E F
F I
F
(파이프)

L E U
T F
(피리)

H
Z I W
(윙윙 소리)

S
S H
S I
(쉿소리)

K S
R I
L
(백파이프 소리)

D
N A
B
(끈)

E R
A B
L
(요란한 소리)

I H R
K E
S
(비명)

T O T
O
(나팔 소리)

"**이**건 엄청난 광경이군, 왓슨! 금빛 도구에서 호루라기whistle의 동의어가 뿜어져 나와 산산이 흩어진 채 공중을 떠다니고 있어."

"이 중에서 아무리 조합해도 호루라기의 동의어가 나오지 않는 글자 뭉치를 찾아낼 수 있겠나?"

지도에서 이 물체를 찾아가시오.

레더헤드 역

6 : 32
8 : 25
9 : 33
10 : 25
12 : 26
12 : 43
15 : 53
18 : 36
20 : 54

"이것 좀 보게, 왓슨. 이 터무니없는 런던 워털루행 열차 시간표를 어떻게 생각하나?"

"딱 한 대가 질서에서 벗어나 있네. 어떤 열차인지 알겠나?"

규칙에 맞지 않는 열차가 위에서
몇 번째인지 찾으면 지도에서
어디로 가야 할지 알 수 있다.

친근한 개코원숭이

BABOON 개코원숭이
MACAQUE 마카크
COLOBUS 콜로부스
SAKI 사키원숭이
DRILL 드릴개코원숭이
GEMLADA 젬라다
UAKARI 우아카리원숭이
MARMOSET 마모셋원숭이
LESULA 레슐라
MANDRILL 맨드릴개코원숭이
PATAS 파타스원숭이
ROLOWAY 롤로웨이원숭이
TAMARIN 타마린
TITI 티티원숭이
CAPUCHIN 카푸친
VERVET 버빗원숭이

"**저**기 개코원숭이가 있군." 홈즈가 말했다. "코가 유난히 긴 것 빼고는 여느 원숭이와 다를 게 없는 녀석이지."

"나도 원숭이를 키운 적이 있다네. 위의 목록을 알파벳 순서대로 정렬하면 열두 번째에 오는 원숭이였지."

홈즈의 원숭이가 목록에서
몇 번째인지 찾으면 지도에서
어디로 가야 할지 알 수 있다.

성냥개비 퀴즈

"**줄**리아 스토너는 죽어가면서 살인범이 누군지 알았어. 그래서 촛불 옆에 놓인 성냥갑으로 쌍둥이 자매 헬렌에게 단서를 남기려 했지." 셜록이 왓슨에게 설명을 이어갔다.

"하지만 마지막 한 개비를 남기고 단어를 완성하지 못했어. 그걸 놓으려던 자리가 어디인지 알 겠나?"

성냥개비 하나를 움직여서 줄리아를
죽인 범인의 이름을 완성하고,
지도에서 그것을 찾아가시오.

스토크 모런 저택의 문장

홈즈가 저택의 문장을 가리키며 말했다. "왓슨, 저택 문장에 새겨진 단어의 배열에 주목하게. MORAN(모런)이라는 단어가 읽히는 경우의 수와 가문을 구성하는 각 세대의 사람 수를 똑같이 맞춰 놓은 거네."

"연속된 각 글자를 한 번씩 사용해서 MORAN이라는 단어를 몇 개나 만들 수 있는지 세어 보겠나?"

지도에서 높은 소리를 내는 도구를
찾아가시오.

조경의 법칙

레 더헤드행 기차에서 창밖으로 스쳐 지나가는 여러 저택과 멋진 풍경에 감탄하며, 홈즈는 왓슨에게 아래 사실을 바탕으로 논리 문제를 제기했다.

(1) 인동덩굴로 뒤덮인 저택은 타일 지붕이 아니다.

(2) 소나무가 있는 저택마다 담에 인동덩굴이 자라 있다.

(3) 벽돌담과 타일 지붕은 반드시 함께 있다.

홈즈가 물었다. "위의 사실로 미루어 볼 때, 벽돌담 앞에 소나무가 심긴 저택이 있을까?"

> **지도에서 두 사람의 목적지를 찾아가시오.**

얼룩진 소매

홈즈는 헬렌 스토너의 소매에 점점이 튄 진흙 자국을 보고 기차역까지 이륜마차를 타고 왔다는 사실을 멋지게 추론해냈다.

하지만 잠시 말을 멈추고 얼룩들을 가만히 바라보더니 왓슨에게 물었다. "최소한 얼룩 세 개의 중심을 잇는 직선을 몇 개나 그릴 수 있을지 궁금하군."

"아래에 예를 든 것과 같은 직선을 몇 개나 그릴 수 있겠나?"

지도에서 화려한 보석을
찾아가시오.

왓슨의 권총

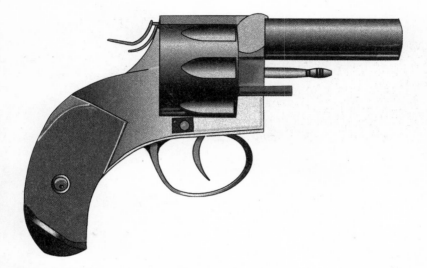

이 총의 주요 구성 요소

BARREL 총신
LATCH 걸쇠
CYLINDER 탄창
FRAME 프레임
HAMMER 공이치기
SCREW 나사
PIN 핀
TRIGGER 방아쇠
GUARD 안전장치
GRIP 손잡이
AXIS 중심축

"**목**록의 어떤 단어들은 다른 단어에는 없는 글자를 하나 이상 포함하고 있네." 홈즈가 왓슨에게 설명했다. "예를 들어 AXIS의 X는 다른 단어에서 찾을 수 없지."

"이런 범주에 해당하는 단어에는 또 어떤 것이 있나?"

그러한 단어의 개수에 5를 더한 숫자가 이번에 지도에서 찾아갈 지점이다.

얼룩 끈

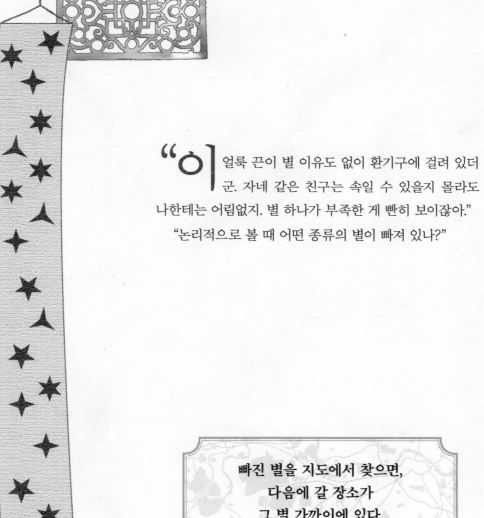

"**이** 얼룩 끈이 별 이유도 없이 환기구에 걸려 있더군. 자네 같은 친구는 속일 수 있을지 몰라도 나한테는 어림없지. 별 하나가 부족한 게 빤히 보이잖아."

"논리적으로 볼 때 어떤 종류의 별이 빠져 있나?"

빠진 별을 지도에서 찾으면,
다음에 갈 장소가
그 별 가까이에 있다.

헝클어진 목줄?

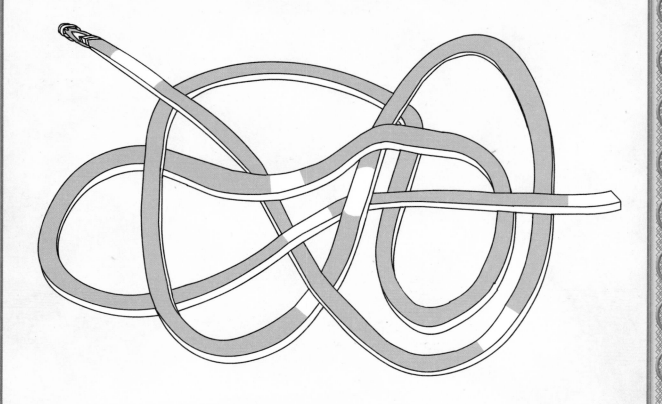

"**아**하, 엉킨 목줄이군. 왓슨, 퀴즈를 풀 때 자네의 머릿속도 바로 이런 모습이지 않나!" 홈즈가 왓슨을 놀리며 말했다. "난 오래전에 매듭에 관한 책을 썼네. 그런 것들이 범죄자의 수법이나 고향을 알아내는 데 도움이 된 적이 여러 번 있거든."

"이 목줄은 매듭이 될 수도, 되지 못할 수도 있어. 자네가 보기엔 어떤가, 왓슨?"

지도에서
줄리아 스토너가
죽기 전에 들고 있던 초를
찾아가시오.

베이커 가

베이커 가에 돌아온 셜록은 건물 외벽의 도로 명판 뒤에 사방으로 금이 가 있는 걸 발견했다. 그가 왓슨에게 물었다. "명판으로 가려진 부분에 삼각형이 몇 개나 생겼을 것 같나?"

지도에서 왓슨 박사의 가방을
찾아가시오.

구부러진 부지깽이

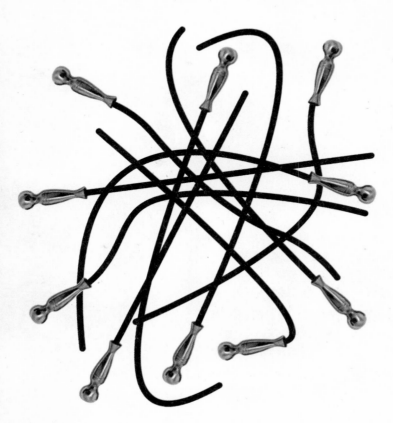

헬렌 스토너의 양아버지 로일롯이 별안간 셜록 홈즈의 사무실에 쳐들어오더니, 우리의 명탐정을 위협하듯 벽난로의 부지깽이를 맨손으로 구부러뜨렸다. 하지만 홈즈는 위축되기는커녕 그를 조롱했다.

그리고 연필과 종이를 집어들더니 재빨리 일련의 형태를 그리며 이렇게 말했다. "당신에게 창의력이 한 줌이라도 있었다면 부지깽이도 이렇게 다양하고 기발한 방식으로 구부릴 수 있었을 텐데 안타깝군요."

그러자 왓슨이 끼어들었다. "하지만 셜록, 전부 다 독특한 형태는 아니군. 몇 개는 모양이 같은데."

"맞아. 잘 봤네, 왓슨. 몇 번은 같은 모양이 반복되지. 똑같은 부지깽이를 몇 쌍이나 찾아냈나?"

> 지도상에서 이번 퀴즈의 바로
> 북서쪽에 있는 번호를 찾아가시오.

로일롯 박사의 금고 퍼즐

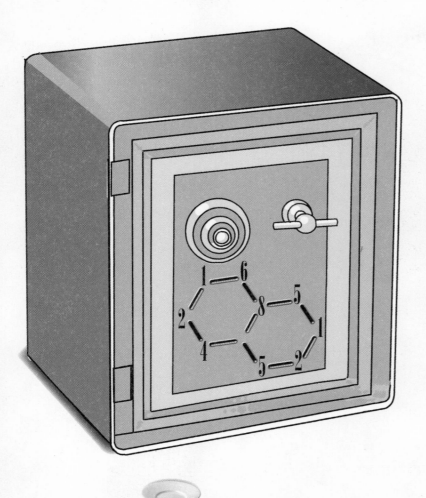

"**왓**슨, 잠금장치의 비밀번호를 추측해볼 수 있겠나?" 홈즈가 물었다. "로일롯의 금고 옆에 우유 접시가 놓여 있다니 참 별난 일이군. 그렇다면 이것이 다른 금고와는 다른, 독특한 용도로 쓰인다고 생각할 수 있지. 일반적인 금고처럼 돈이나 귀중품을 보관한 게 아니라면 이 안에는 무엇이 들어 있을까? 아마 우유를 먹는 무엇인가겠지? 물론 치타는 절대 아닐 테고!"

홈즈가 말을 이었다. "흥미롭군. 로일롯은 유머 감각이 있는 사람인가 봐. 금고문에 퀴즈를 새겨 놓았는데, 그걸 풀면 잠금장치의 비밀번호가 나오겠지. 재미는 있지만 안전하지 않은 방법이야!"

비밀번호를 풀고 거기에 11을 더한 숫자를 지도에서 찾아가시오.

왓슨의 전문 분야

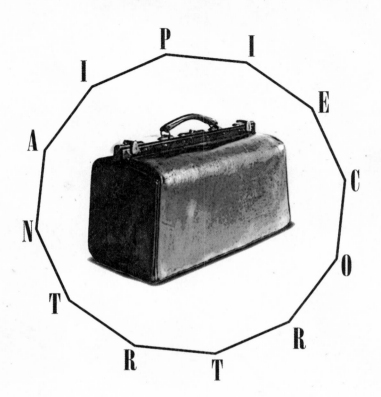

헬렌 스토너는 베이커 가 221B번지에서 왓슨을 만났다.

셜록은 그녀에게 위의 다각형을 이용해 왓슨의 직업을 알아맞혀 보라고 했다.

그리고 이런 힌트를 줬다. "P부터 시작해서 같은 간격으로 글자를 계속 건너뛰면 왓슨의 직업이 나옵니다."

헬렌 스토너의 의상에서 셜록 홈즈가 단서를 찾아냈던 부분을 찾아가시오.

줄리아 스토너의 죽음

"**줄**리아는 쌍둥이 자매 헬렌 앞에서 의문의 죽음을 맞이했지. 헬렌은 죽어가는 줄리아의 드레스가 자신의 드레스와 몇 군데 다르다는 걸 알아챘네." 홈즈가 설명했다.

그리고 왓슨에게 물었다. "두 사람은 일란성 쌍둥이라 모습은 똑같지만 옷만은 달랐어. 자네는 그 차이점을 몇 개나 알아볼 수 있나?"

지도에서 홈즈와 왓슨이 저녁 식사를 하는 장소를 찾아가시오.

크라운 여관의 메뉴

메뉴

Pigeon Souffle 비둘기 수플레	6/7
Fricando Veal 송아지 스튜	8/4
Pork Griskins 돼지 옆구리살	4/8
House Lambs 직접 키운 양고기	5/5
Devilled Fowl 매콤한 닭고기	8/4
French Pye 프렌치 파이	????

홈즈는 크라운 여관 앞에서 기쁨의 환성을 질렀다. "여관 사람들이 날 기다리고 있었나? 식당 메뉴로 나한테 두뇌 싸움에 도전한 게 분명해."

"마지막 요리는 가격을 안 써놨지만 다른 가격들을 보면 손쉽게 유추할 수 있지. 분명한 규칙이 있으니까."

"왓슨 자네는 누락된 가격을 알아낼 수 있겠나?"

정답을 알아냈다면 그 중에서 왼쪽 숫자에 9를 더한 값이 지도상의 다음 목적지다.

오팔 티아라

"**저** 티아라는 패링턴 사건 때 본 기억이 똑똑히 나네. 보석상이 약간의 논리를 가미해서 완벽미를 부여한 작품이지. 보석을 고르고 금줄에 꿰는 과정에서 특정한 방식을 사용했어."

"하지만 단 한 줄만은 전혀 다른 식으로 배열했네. 어떤 체인인지 알겠나, 왓슨?"

지도에서 구부러진 부지깽이 다발을
찾아가시오.

치명적인 살무사

ADDER 살무사

ANACONDA 아나콘다

ASP 독사

COBRA 코브라

KEELBACK 킬백

MAMBA 맘바

URUTU 유루투

VIPER 북살무사

YARARA 야라라

"이 얼룩 끈 모양의 낱말풀이 판에 뱀 이름을 채워넣는 건 식은 죽 먹기지. 로일롯이 이용했을 만한 뱀의 후보군이 얼마나 많은지 아나? 온 세상이 뱀으로 득실거린다고 느껴질 정도야."

위에 열거된 뱀들로 칸을 전부 채워 이번 모험을 완성한 후, 다음 페이지를 읽으시오.

CHAPTER 2

춤추는 인형

이 단편이 엄청난 인기를 끈 건 코난 도일의 글재주 때문만은 아니었다. 춤추는 사람 형태로 알파벳 각 글자를 나타내는 비밀 암호를 만들어낸 덕택이 더 크다. 암호 해독을 소재로 한 최초의 소설은 에드거 앨런 포의 『황금 벌레The Gold-Bug』였고, 이 단편은 그보다 60년 후에 발표됐다. 하지만 코난 도일의 춤추는 사람 실루엣이 에드거 앨런 포의 문자 기호보다 보기에도 재미있고 더 큰 흥미를 불러일으킨다.

서론에서 설명한 대로 이 챕터에 첨부된 지도를 찢어 여행의 길잡이로 삼으세요. 이번 챕터에서 마주치게 될 기묘한 장소와 사건을 파헤쳐 나가는 데 꼭 필요한 도구입니다.

다음 페이지의 첫 번째 퍼즐부터 풀고, 상자 안에 든 힌트를 따라 지도에서 다음 퍼즐의 번호를 찾으세요. 지도의 제목 위에 적힌 번호를 보고 같은 챕터의 해당 퍼즐로 이동합니다.

퍼즐을 하나씩 풀 때마다 지도로 갔다가 다시 퍼즐로 돌아오기를 반복하며 끝까지 완성하세요.

과학 실험

"잘보게, 왓슨." 홈즈가 말했다. "다음 의뢰인은 노퍽 카운티에서 오는 힐튼 씨네. 기다리는 동안 시간이 남으니 실험을 하나 해보지. 범죄 사건의 진상을 밝히는 데는 화학 실험이 도움이 될 때가 많네. 지금부터 모음들을 자음 속에 부을 거네. 골고루 잘 섞어 적절한 온도로 가열하면 글자들이 움직이면서 사건 해결에 필요한 정보를 보여줄 걸세."

'화학 반응'의 결과(나타난 단어)를
지도에서 찾아가시오.

짓밟힌 꽃밭

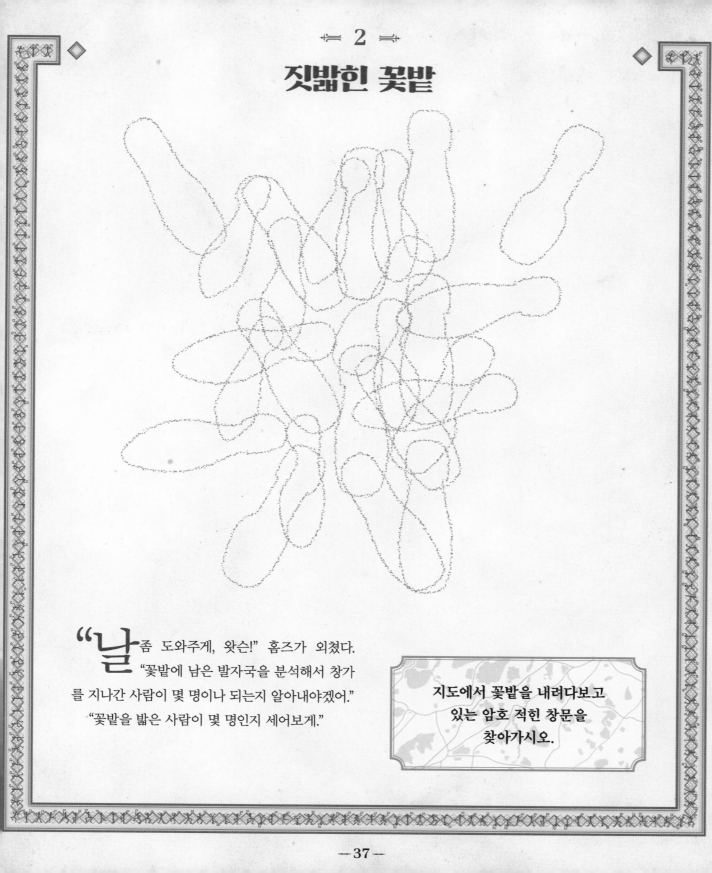

"날좀 도와주게, 왓슨!" 홈즈가 외쳤다.
"꽃밭에 남은 발자국을 분석해서 창가를 지나간 사람이 몇 명이나 되는지 알아내야겠어."
"꽃밭을 밟은 사람이 몇 명인지 세어보게."

지도에서 꽃밭을 내려다보고
있는 암호 적힌 창문을
찾아가시오.

왓슨 훈련시키기

"**왓**슨, 여기 보이는 비밀 알파벳을 외우게. 어느 천진난만한 범죄자가 유치해 보이는 낙서 속에 비밀 메시지를 감추려고 고안한 암호라네. 각각의 알파벳을 서로 다른 춤추는 캐릭터로 만든 거지. 깃발을 든 캐릭터는 한 단어의 마지막 글자라는 걸 염두에 두게."

"난 그가 작성한 문서를 여러 차례 검토한 끝에 암호를 해독할 수 있었네. 각 모양이 어떤 알파벳을 뜻하는지는 맨 오른쪽에 차례로 적어 두었지. 이제 범인을 스스로 만든 속임수에 걸려들게 할 수 있어. 그를 나락으로 떨어뜨릴 메시지를 보내세."

"그 전에 우선 이 메시지를 번역하는 연습을 하게."

A B C D E F G H I J K L M N O P Q R S T U V W X Y Z

엘시 부인을 두려움에 떨게 한
악몽을 지도에서 찾아가시오.

─ 4 ─

어지러운 기차역

"**저**기 천장을 보게. 앞을 조심하고." 홈즈가 주의를 줬다. "난 이 기차역을 오갈 때마다 이런 금속성 미로를 설계한 건축가의 머릿속이 궁금해진다네. 매일 통근하는 사람들의 마음을 혼란스럽게 하려는 의도였을까? 모든 조각이 제자리에 있는지 확인해봐야겠군."

"왼쪽과 오른쪽 지붕 사이에 뒤바뀐 곳이 몇 조각인지 셀 수 있나?"

지도에서 좀 더 전통적인
모습의 기차역을
찾아가시오.

암호 해독

"**실**험은 그만 멈춰야겠군." 홈즈가 외쳤다. "우리 의뢰인이 오늘 아침에 아주 기이한 편지를 받았다고 하네. 춤추는 사람들이 그려진 종이였지. 어린애 장난처럼 보이지만 진지하게 접근해야 하네. 여러 사람의 목숨이 달려 있으니까. 아직 내용을 정확히 파악할 순 없지만 분석을 시작해보세."

"몇몇 캐릭터는 반복되는 게 보이나? 깃발의 유무와 상관없이 캐릭터의 종류가 전부 몇 개인지 꼽아보면 될 것 같네."

위에 사용된 기호의 개수에 1을 더하고,
지도상에서 그 숫자를 찾아가시오.

암호가 적힌 창문

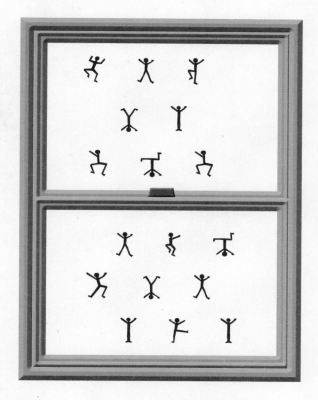

"**이** 암호에는 나도 깜박 속아넘어갈 뻔했네, 왓슨." 홈즈가 인정했다. 춤추는 사람 캐릭터를 사용한 데다가 또 다른 교활한 반전이 숨어 있어서 익숙지 않은 사람들은 헤매기 십상이거든."(힌트 : 3번 퀴즈와 똑같은 알파 벳이 사용되었음.)

지도에서 이와는 또 다른 스타일의
창문을 찾아가시오.

연못

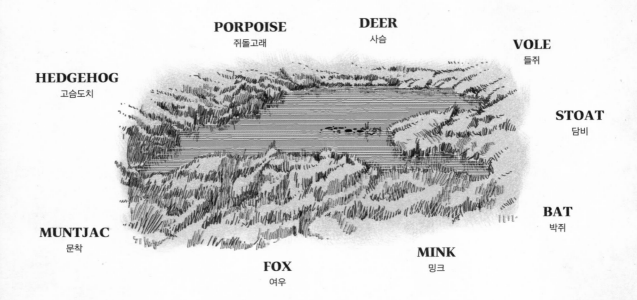

PORPOISE
쥐돌고래

DEER
사슴

VOLE
들쥐

HEDGEHOG
고슴도치

STOAT
담비

MUNTJAC
문착

BAT
박쥐

FOX
여우

MINK
밍크

"**라**이딩 소프 저택 가까이에 이런 연못이 있네. 정말 굉장하지 않나?" 홈즈가 왓슨에게 물었다. "주변에 서식하는 야생동물은 전부 여기서 물을 먹지. 그럴 때마다 포식자와 마주치지 않으려고 얼마나 조심할지 상상해보게. 범죄자들이 나를 요리조리 피하는 것처럼 말이야!"

"위의 아홉 가지 동물을 PORPOISE에서 시작해 STOAT에서 끝나게 나열하되, 앞뒤 단어 사이에 같은 철자가 들어가지 않도록 하게."(예를 들어 MINK—VOLE, 혹은 FOX—DEER)

사람들이 주로 태양 아래서
착용하는 물건을 찾아가시오.

숨겨진 도시

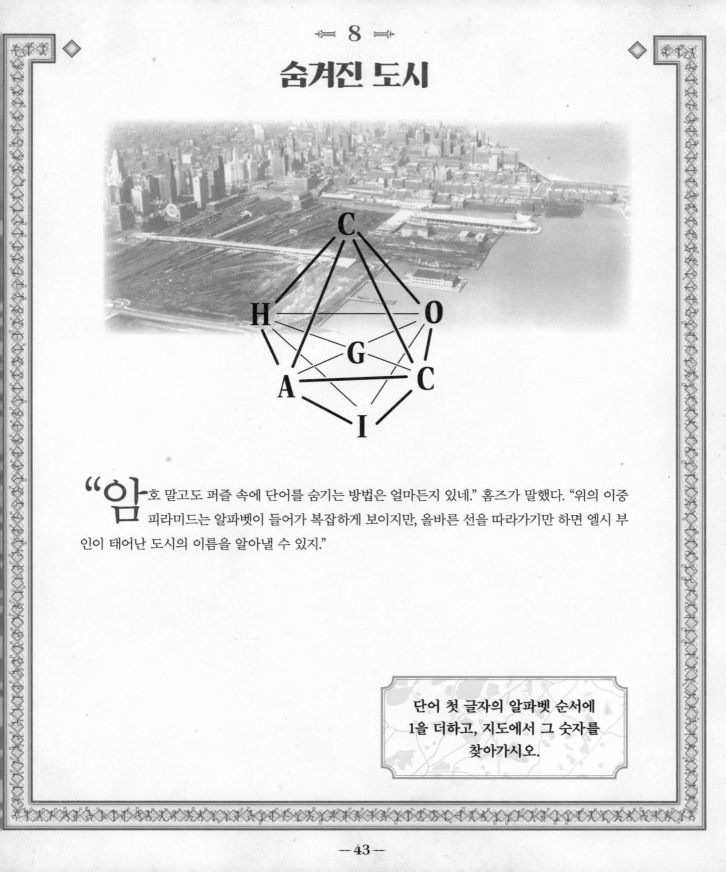

"**암**호 말고도 퍼즐 속에 단어를 숨기는 방법은 얼마든지 있네." 홈즈가 말했다. "위의 이중 피라미드는 알파벳이 들어가 복잡하게 보이지만, 올바른 선을 따라가기만 하면 엘시 부인이 태어난 도시의 이름을 알아낼 수 있지."

> 단어 첫 글자의 알파벳 순서에 1을 더하고, 지도에서 그 숫자를 찾아가시오.

파나마모자

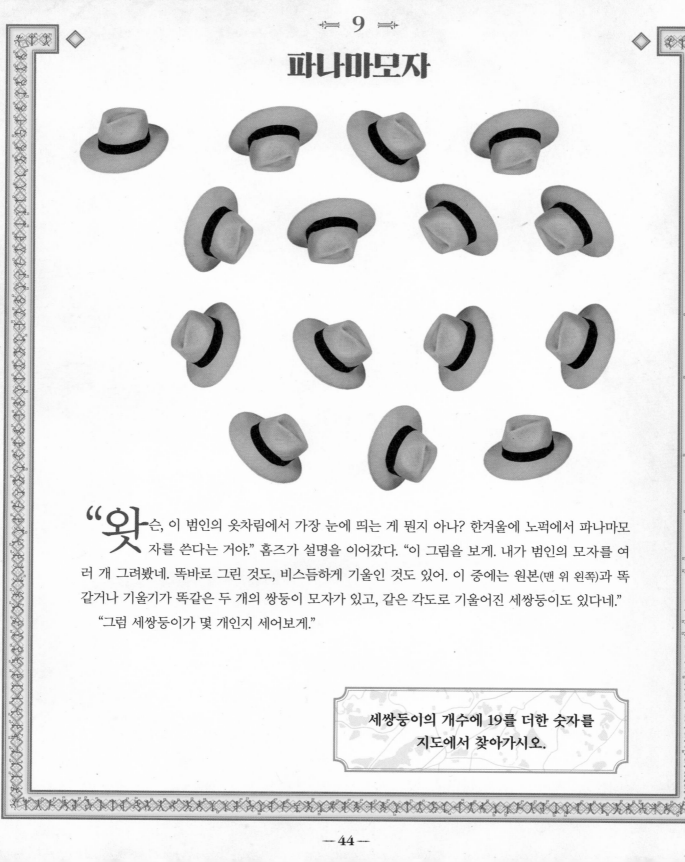

"**왓**슨, 이 범인의 옷차림에서 가장 눈에 띄는 게 뭔지 아나? 한겨울에 노퍽에서 파나마모자를 쓴다는 거야." 홈즈가 설명을 이어갔다. "이 그림을 보게. 내가 범인의 모자를 여러 개 그려봤네. 똑바로 그린 것도, 비스듬하게 기울인 것도 있어. 이 중에는 원본(맨 위 왼쪽)과 똑같거나 기울기가 똑같은 두 개의 쌍둥이 모자가 있고, 같은 각도로 기울어진 세쌍둥이도 있다네."

"그럼 세쌍둥이가 몇 개인지 세어보게."

세쌍둥이의 개수에 19를 더한 숫자를
지도에서 찾아가시오.

뒤틀린 저택

"**내** 눈이 착시현상을 일으키는군, 왓슨!" 홈즈가 소리를 질렀다. "라이딩 소프 저택처럼 훌륭한 건축물이 이렇게 뒤틀릴 수도 있는 건가?"

"시계 방향과 반시계 방향으로 돌아간 부분이 각각 몇 개인지 세어보게."

좌우로 돌아간 건물 조각처럼
춤추고 있는 사람의 형상을
찾아가시오.

노퍽의 도시들

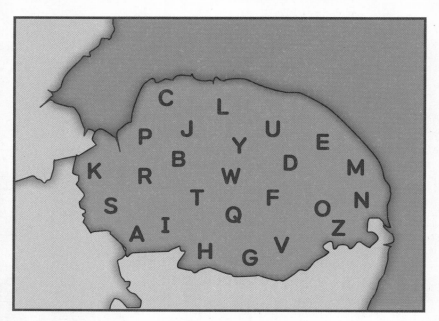

NORWICH 노리치

CROMER 크로머

HOLT 홀트

SHERINGHAM 셔링엄

AYLSHAM 에일섬

HUNSTANTON 헌스탄톤

FALKENHAM 폴크넘

WHYMONDHAM 와이몬덤

DEREHAM 디러햄

BLAKENEY 블래키니

WROXHAM 록섬

SWAFFHAM 스와프햄

WATTON 와튼

"이 사건에 너무 깊이 발을 들이지 않았다면 노퍽 카운티를 돌며 구경을 다닐 수 있었을 텐데." 홈즈가 큰소리로 아쉬움을 토했다. "특히 내가 여기에 나열한 13개 도시는 아주 흥미로운 곳인데 말이야."

"그런데 카운티 지도에 있는 25개의 알파벳으로 만들 수 없는 도시 이름이 있어. 어떤 건지(한 알파벳을 두 번 이상 중복해서 써도 되네) 찾을 수 있겠나, 왓슨?"

> 여기서 가까이에 있는
> 저택을 찾아가시오.

퍼져나가는 악몽

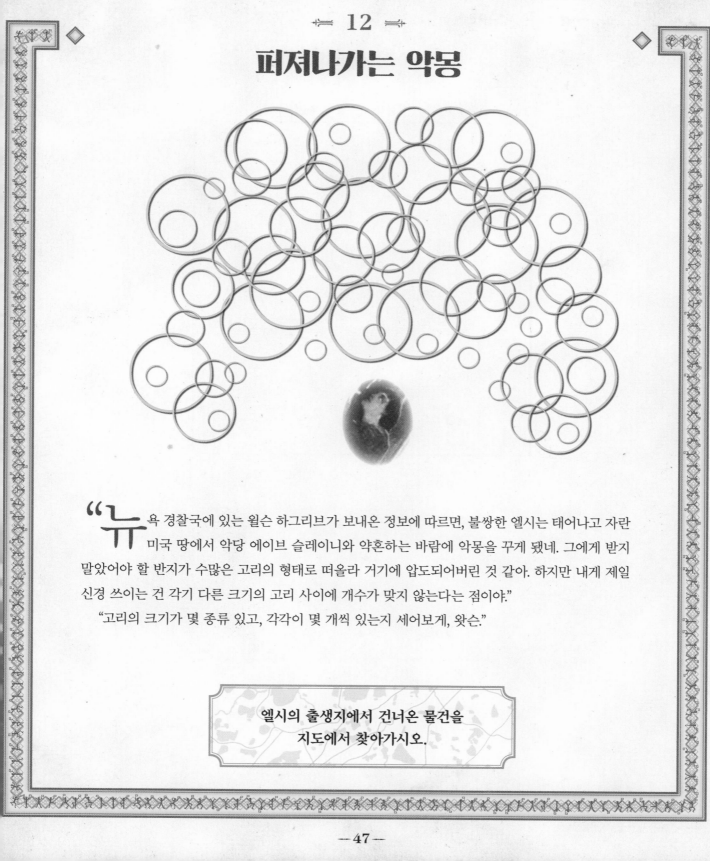

"**뉴**욕 경찰국에 있는 윌슨 하그리브가 보내온 정보에 따르면, 불쌍한 엘시는 태어나고 자란 미국 땅에서 악당 에이브 슬레이니와 약혼하는 바람에 악몽을 꾸게 됐네. 그에게 받지 말았어야 할 반지가 수많은 고리의 형태로 떠올라 거기에 압도되어버린 것 같아. 하지만 내게 제일 신경 쓰이는 건 각기 다른 크기의 고리 사이에 개수가 맞지 않는다는 점이야."

"고리의 크기가 몇 종류 있고, 각각이 몇 개씩 있는지 세어보게, 왓슨."

> 엘시의 출생지에서 건너온 물건을
> 지도에서 찾아가시오.

암호로 적힌 메뉴

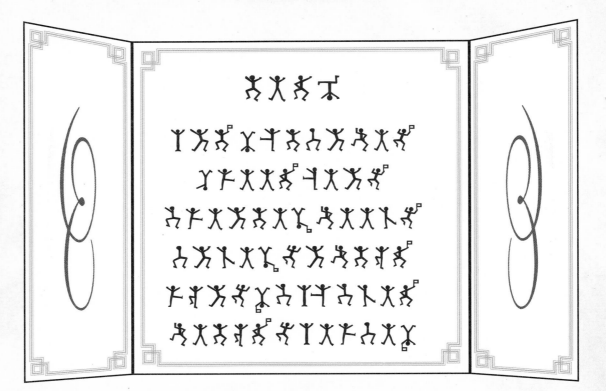

"**내** 말 잘 듣게, 왓슨. 춤추는 사람 그림과 관련 사건들은 이 지역 사람들에게 아주 깊은 인상을 남겼어. 머지않아 여관 주인들조차 메뉴를 비밀 암호로 써붙일 걸세." 홈즈가 호언장담했다.

"지금까지 훈련한 암호 해독 능력을 한번 발휘해보겠나?"(힌트 : 위의 메뉴는 3번 퀴즈와 같은 알파벳을 사용했음. 깃발은 단어의 마지막 글자임을 명심할 것.)

**지도에서 주인공들과 관련된
십자말풀이를 찾아가시오.**

비밀 논리

"**왓**슨, 준비운동 삼아 논리 문제를 하나 풀어보세. 이번 사건에서 주의할 점은 우리 의뢰인이 아내의 비밀을 존중하겠다고 약속했다는 거네. 그래서 과거를 캐묻지도, 몇 달 전부터 그녀를 괴롭힌 기괴한 일들의 연원을 묻지도 않았지. 그는 깨닫지 못했겠지만 사실 비밀에는 나름의 독특한 논리가 숨어 있다네. 자네가 친구인 서스턴과 금광에 투자하지 않았다고 내가 추론한 것처럼 이 사건에도 몇 가지 소전제를 세울 수 있네.

(1) 눈동자가 푸르고 모자를 쓴 사람은 모두 비밀을 잘 지킨다.
(2) 화를 잘 내는 골프 선수들은 푸른 눈을 지녔다.
(3) 누구나 가끔은 모자를 쓴다.
(4) 지방의 소지주들은 누구나 골프를 친다.

우리 의뢰인은 지방의 소지주면서 종종 화를 내네. 그의 아내가 남편이 자신의 비밀을 지켜줄 거라고 확신하려면 어떻게 해야 할까? 위의 전제를 하나씩 따라가며 논리적으로 올바른 답을 도출할 수 있겠나?"

> 지도에서 왓슨이 공부한 암호를 찾아
> 3번으로 가시오.

노스 월섬 역

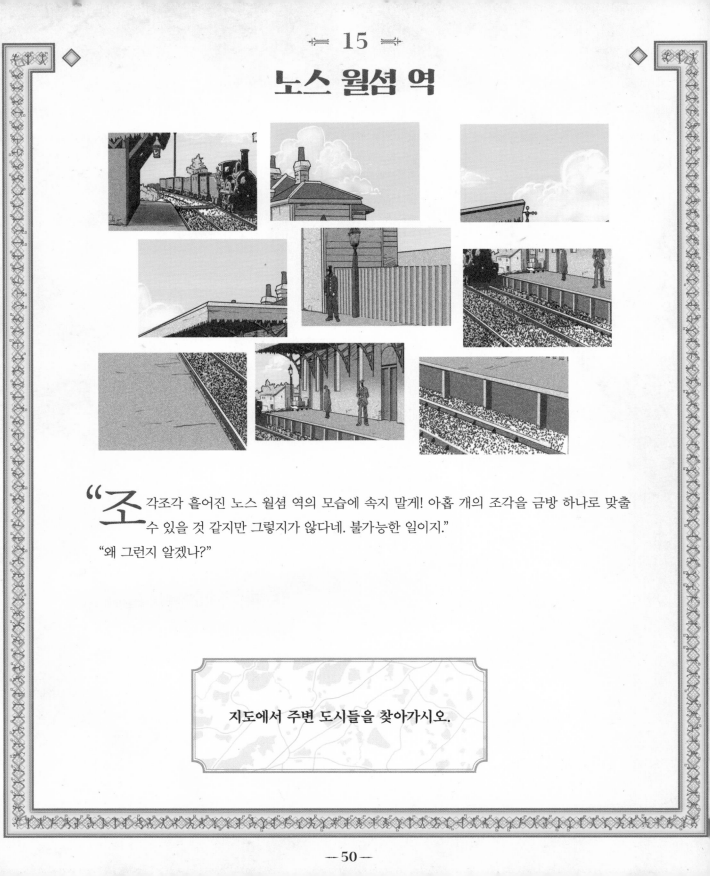

"조각조각 흩어진 노스 월섬 역의 모습에 속지 말게! 아홉 개의 조각을 금방 하나로 맞출 수 있을 것 같지만 그렇지가 않다네. 불가능한 일이지."

"왜 그런지 알겠나?"

지도에서 주변 도시들을 찾아가시오.

또 다른 활용법

"**때**론 범죄자들이 불쌍하게 느껴지기도 한다네." 홈즈가 인정했다. "사악하고 비논리적인 본성 때문에 춤추는 사람 암호를 흥미롭고 논리적으로 활용하지 못하니까 말일세. 여기에 0에서 9까지의 숫자를 기호로 바꾼 계산식을 썼네. 예를 들어, 첫 줄의 두 번째 기호와 둘째 줄의 마지막 기호, 마지막 줄의 네 번째 기호는 전부 같은 숫자를 나타내네."

"논리적으로 잘 따져보면 기호를 숫자로 치환해서 옳은 답을 도출할 방법은 단 하나뿐이라는 걸 알 수 있을 거야."

지도에서 시간을 알려주는
유서 깊은 도구를 찾아가시오.

교회 창문

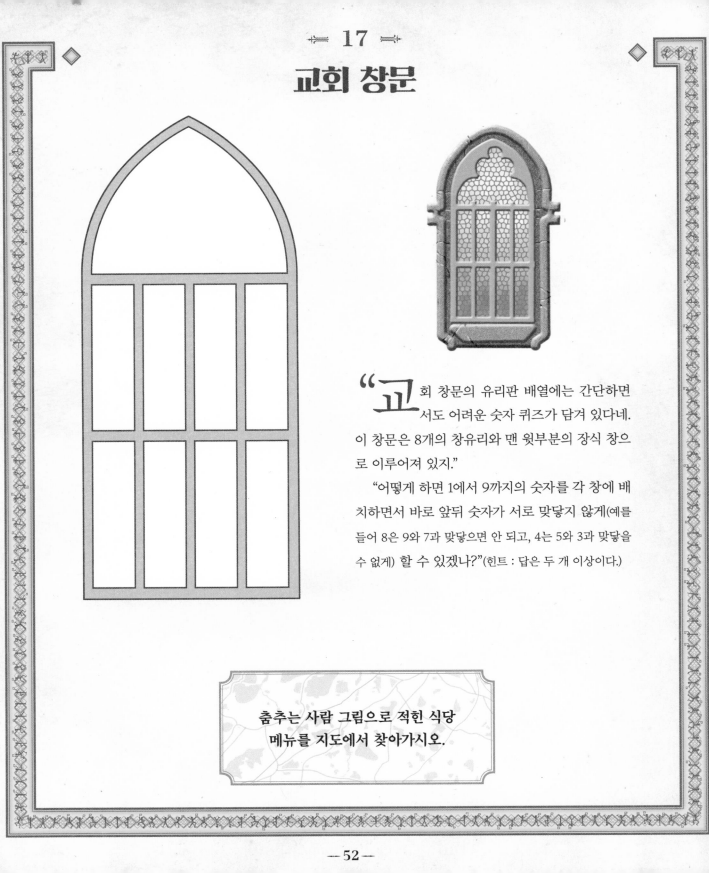

"**교**회 창문의 유리판 배열에는 간단하면서도 어려운 숫자 퀴즈가 담겨 있다네. 이 창문은 8개의 창유리와 맨 윗부분의 장식 창으로 이루어져 있지."

"어떻게 하면 1에서 9까지의 숫자를 각 창에 배치하면서 바로 앞뒤 숫자가 서로 맞닿지 않게(예를 들어 8은 9와 7과 맞닿으면 안 되고, 4는 5와 3과 맞닿을 수 없게) 할 수 있겠나?"(힌트 : 답은 두 개 이상이다.)

춤추는 사람 그림으로 적힌 식당
메뉴를 지도에서 찾아가시오.

교차하는 인연

"**자**람 이름에도 명백한 논리가 담겨 있
지. 이번 사건에서 만난 다섯 명 중
네 명의 이름은 십자말풀이 판에서 서로 조화
롭게 어우러진다네. 혼자 동떨어진 이름을 찾아
내더라도 너무 놀라지 말게나."

MARTIN 마틴
HARGREAVE 하그리브
CUBITT 큐빗
THURSTON 서스턴
SLANEY 슬레이니

혼자 동떨어진 사람의
이름 글자 수에 10을
더한 숫자를 지도에서
찾아가시오.

삼인조 댄스

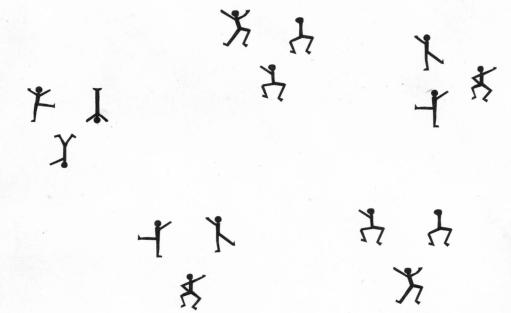

"이보게, 논리란 어디에든 들어 있다네." 홈즈가 왓슨을 깨우쳐주었다. "위에 있는 다섯 팀의 삼인조 기호를 자세히 살펴보게."

"논리적으로 볼 때 나머지 네 팀과 다른 삼인조는 어느 것인가?"

> 지도에서 이 댄서들이 발자국을 남긴
> 장소를 찾아가시오.

미국에서 온 편지

"**이** 편지에 붙은 우표를 보니 발신지가 어딘지 알겠군. 영국 여왕이 아닌 미국 대통령이 그려져 있으니 말이야. 하지만 발신자가 우표 두 개 중 하나를 똑바르지 않게 돌려서 붙였다면 더 재미있었을 거야."

"아래의 다섯 쌍은 그런 경우의 수 중 일부라네. 나머지 경우의 수는 왓슨 자네가 그려보겠나?"

도시 이름 뒤에 숨겨진 외국 도시의 사진을 찾아가시오.

해시계에서 춤을

"**정**말 신기하군!" 홈즈가 외쳤다. "기록이 가능한 모든 표면에 춤추는 사람 기호가 그려져 있잖아. 해시계 기둥에 적힌 메시지가 보이나?"

"3번 퀴즈의 춤추는 사람들로 익힌 지식이 여기서도 도움이 될 걸세, 왓슨."

> 여기에 적힌 메시지를 보면
> 지도상에서 찾아갈 곳을 알 수 있다.

죽음의 향기

"**훈**련된 눈과 좋은 돋보기만으로 모든 사건을 해결할 수 있는 건 아니라네." 홈즈가 설교를 늘어놓았다. "이번 사건의 경우에는 화약 냄새를 통해 처음 총을 쏜 인물과 진범의 정체를 알아내는 예민한 후각이 필수적이었네."

"그러고 보니 사건을 맡기 전 했던 화학 실험으로 되돌아가게 되는군. 화약의 기본 원료는 질산칼륨potassium nitrate이지. 하지만 예로부터 불리던 또 다른 이름이 있는데, 위의 별표 끝에 적힌 글자들을 일정한 간격으로 건너뛰며 읽다보면 완성된다네."

이 원료의 이름을 알아내어
모험을 완성하고,
다음 페이지를 읽으시오.

CHAPTER 3

보헤미아의 스캔들

다음 모험에서 홈즈는 의뢰인을 보자마자 보헤미아의 국왕이라는 사실을 이미 간파했으니 복면을 벗어도 된다고 말한다. 그의 이름과 국적, 신분을 나타내는 명백한 단서가 너무나 많았던 것이다. 귀족은 물론이고 한 나라의 통치자들도 베이커 가 221B번지를 자주 찾는데, 그럴 때마다 홈즈는 예의를 갖추되 상대방의 사회적 지위에 압도되지는 않았다. 높은 지위가 삶에 있어서 득보다 장애가 된다고 생각하는 듯하다. 대신 의뢰인의 품위에 손상이 가지 않도록 최대한 신중하게 그들을 돕는 데서 자부심을 느낀다. 왓슨도 종종 언급하듯 홈즈의 모험 중 상당 부분이 세간에 발표되지 않은 건, 이름이 알려진 국가 지도자나 높은 가문을 위태롭게 할 수 있기 때문이다. 하지만 빅토리아 시대의 윤리 의식을 지닌 사람답게 왕실의 스캔들을 막기 위해서라면 때때로 이 원칙을 깨기도 한다. 설상가상 이번에는 한 여성에게서 무언가를 훔쳐달라는 의뢰를 망치고 그 여인에게 조롱까지 당한다. 그리고 그녀를 자신이 만난 사람 중 제일 똑똑한 사람으로 영원히 기억하게 된다.

서론에서 설명한 대로 이 챕터에 첨부된 지도를 찢어 여행의 길잡이로 삼으세요. 이번 챕터에서 마주치게 될 기묘한 장소와 사건을 파헤쳐나가는 데 꼭 필요한 도구입니다.

다음 페이지의 첫 번째 퍼즐부터 풀고, 상자 안에 든 힌트를 따라 지도에서 다음 퍼즐의 번호를 찾으세요. 지도의 제목 위에 적힌 번호를 보고 같은 챕터의 해당 퍼즐로 이동합니다.

퍼즐을 하나씩 풀 때마다 지도로 갔다가 다시 퍼즐로 돌아오기를 반복하며 끝까지 완성하세요.

부러진 담배파이프

"**정**말 안됐군, 홈즈! 지금 시가를 피우는 건 제일 아끼는 담배파이프가 부러졌기 때문이지? 해포석과 조롱박으로 만든 태즈메이니아산 수입 파이프 말일세."

"왓슨, 파이프는 감정이 없는 물건에 지나지 않아. 내가 마음 쓸 필요는 없지. 하지만 내 인생에서 중요했던 물건이니 오래 기억하려 바닥에서 산산이 조각난 모습을 그려놓았네."

"날 놀리는 거로군, 홈즈. 이게 부러진 파이프를 그린 정확한 그림일 리가 없지 않나."

"훌륭해, 왓슨. 나랑 붙어다니는 덕분에 나날이 발전하고 있군. 그럼 틀린 조각은 어떤 걸까?"

지도에서 유럽을 찾아가시오.

보헤미아의 스캔들

MAP

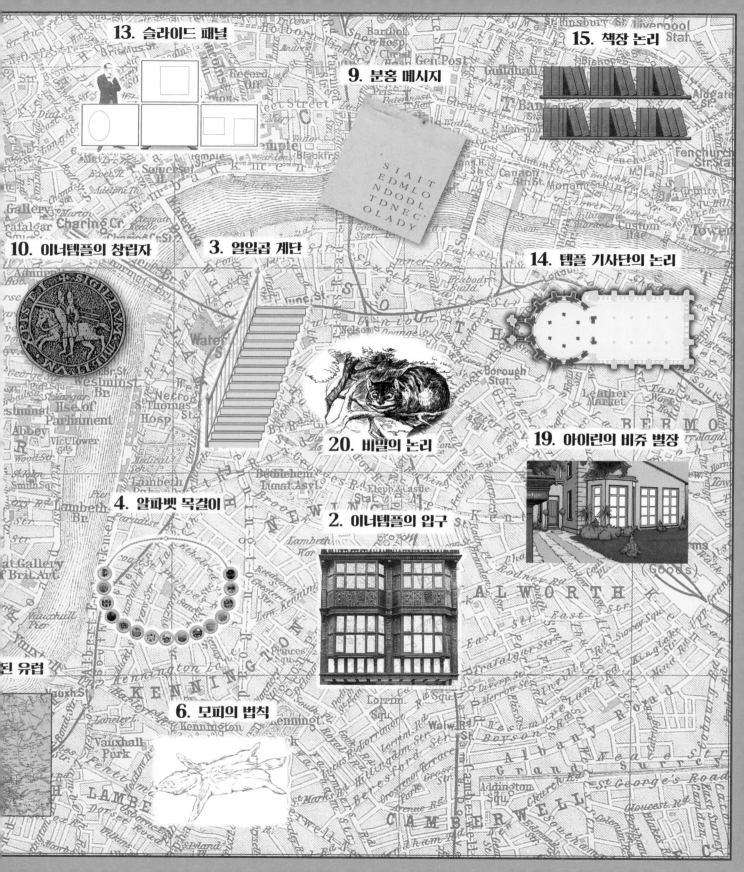

13. 슬라이드 패널

9. 분홍 메시지

S I A I T
E D M L O
N D O D L
T D N E C
O L A D Y

15. 책장 논리

10. 이너템플의 창립자

3. 열일곱 계단

14. 템플 기사단의 논리

20. 비밀의 논리

19. 아이린의 비쥬 별장

4. 알파벳 목걸이

2. 이너템플의 입구

된 유럽

6. 모피의 법칙

이너템플의 입구

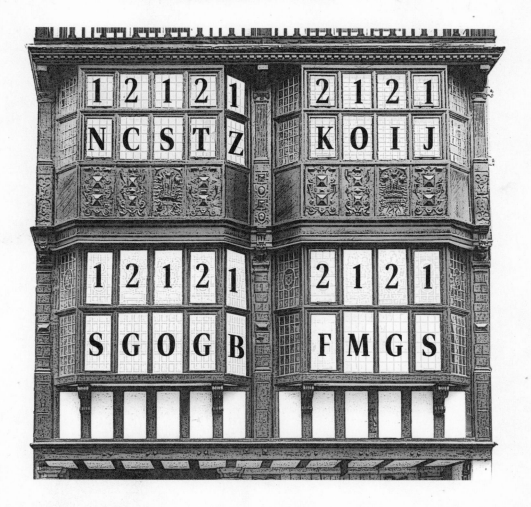

"저길 보게, 왓슨!" 홈즈가 손으로 가리켰다.
"이너템플 법학원의 갓프리 노턴 변호사가
사무실을 급히 빠져나가느라 임시방편으로 의뢰인에
게 전할 비밀 메시지를 창문에 겨우 적어뒀나 보네."
"개인적인 일을 대놓고 공개하지는 않았지만, 남겨
둔 단서만으로도 쉽게 내용을 알 수 있지."

이 메시지에는 누군가의 성과
이름이 들어 있다. 글자 수의
총합을 지도에서 찾아가시오.

열일곱 계단

"사람들은 계단을 오르내리며 지적 능력을 갈고닦을 귀중한 시간을 대개 낭비하지. 좋은 기회를 날려버린 채 기계적으로 계단 수만 세고 있는 거야. 나는 열일곱 계단을 밟으며 내 방으로 올라갈 때마다 각 층계에 일정한 논리적 순서에 따라 숫자가 떠오르는 모습을 상상해본다네."

"여기에 적용된 규칙을 찾을 수 있겠나, 왓슨? 어떤 숫자가 잘못됐는지 알겠어? 하나 이상의 패턴이 들어 있을 가능성을 염두에 두게."

"단서를 하나 붙이자면, 틀린 숫자는 반드시 제곱수여야 하네."

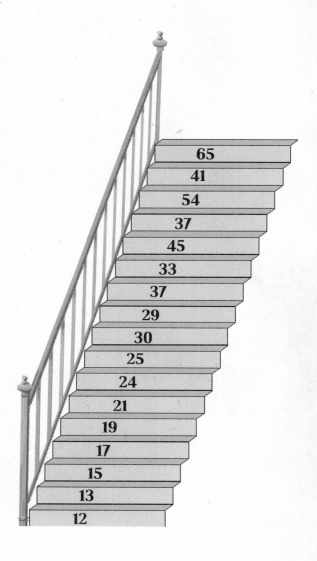

65
41
54
37
45
33
37
29
30
25
24
21
19
17
15
13
12

지도에서 미스터리한
낱말배열판을 찾아가시오.

알파벳 목걸이

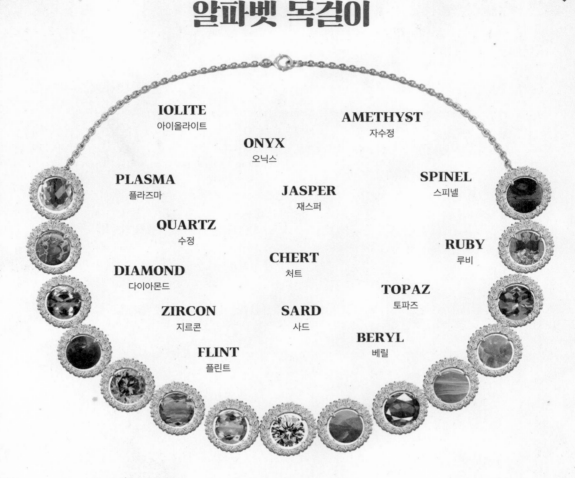

IOLITE
아이올라이트

AMETHYST
자수정

ONYX
오닉스

PLASMA
플라즈마

SPINEL
스피넬

JASPER
재스퍼

QUARTZ
수정

RUBY
루비

CHERT
처트

DIAMOND
다이아몬드

TOPAZ
토파즈

ZIRCON
지르콘

SARD
사드

BERYL
베릴

FLINT
플린트

"**여**기 자네의 두뇌를 훈련시킬 재미있는 게임이 있네." 홈즈가 왓슨을 도발했다.
"AMETHYST자수정부터 IOLITE아이올라이트까지 열다섯 개의 보석을 엮어 목걸이를
만든다고 상상해보게. 그런데 장신구의 질을 높이려면 서로 같은 철자를 공유한 보석끼리는 나란
히 붙지 않도록 신중히 처리해야 하네."

지도에서 자연의 형태를 간직한
또 다른 장식물을 찾아가시오.

서로 연결된 유럽

LONDON 런던	**CARLSBAD** 칼스바트	**CASSEL-FALSTEIN** 카셀-팔스타인	**DARLINGTON** 달링턴
EGLONITZ 에글로니츠	**EGLOW** 에글로	**EGRIA** 에그리아	**ODESSA** 오데사
PRAGUE 프라하	**WARSAW** 바르샤바	**BOHEMIA** 보헤미아	**HOLLAND** 홀란드

"**이** 사건의 무대는 런던이지만, 그보다 먼 장소와도 관련이 있지. 이 도시들은 아래의 바둑판처럼 가로세로 여섯 개의 직선으로 손쉽게 연결되네."

"하지만 왓슨 자네라면 더 잘 연결할 수도 있을 거야. 단 다섯 개의 직선만 사용하되, 마지막에는 시작점으로 돌아와 도형을 닫도록 하게."

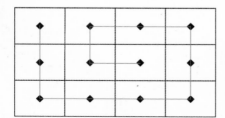

지도에서 감정의 종류가 표현된
곳을 찾아가시오.

모피의 법칙

ASTRAKHAN
아스트라칸

WOLF
늑대

KARAKUL
카라쿨

ERMINE
어민

CHINCHILLA
친칠라

COYOTE
코요테

SEAL
바다표범

OTTER
수달

FOX
여우

MINK
밍크

POSSUM
주머니여우

RABBIT
토끼

SABLE
세이블

MARTEN
담비

RACCOON
너구리

SKUNK
스컹크

BEAVER
비버

"왓슨, 위에 제시된 일련의 모피 이름을 살펴보게. 이 중에서 여섯 개는 흥미롭고 논리적인 부분집합을 이룬다네. FOX, WOLF, MINK, SABLE, SEAL이 거기에 포함되지."

"이 부분집합을 정의하는 규칙을 찾고 여섯 번째 모피는 무엇인지 추론할 수 있겠나?"

여섯 번째 모피의 첫 글자가 몇 번째
알파벳인지 알아내고, 지도상에서
그 번호를 찾아가시오.

시계 같은 정확성

"나의 이성은 완벽한 추론 기계라네, 왓슨. 시계처럼 정확하게 작동하도록 단련해왔거든."

"위와 같은 톱니바퀴 장치를 예로 들어보지. 맨 위 왼쪽에 있는 커다란 톱니바퀴가 제일 아래 오른쪽에 있는 작은 톱니바퀴에 미치는 영향을 계산할 수 있겠나? 큰 톱니바퀴가 1회전을 마칠 때, 작은 톱니바퀴는 몇 바퀴나 돌아갈까?"

지도에서 카드놀이를
활용한 또 다른 추론
문제를 찾아가시오.

마차 제작소

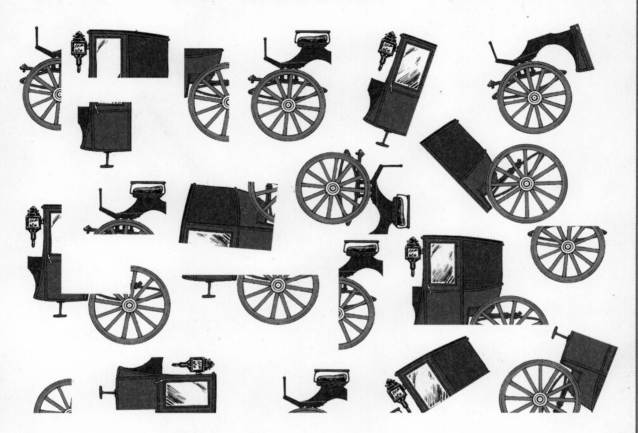

"우리 의뢰인의 상자형 마차와 그걸 끌고 가는 두 필의 명마를 보았나? 우아하면서 효율적인, 그야말로 완벽한 교통수단이 아닌가! 현대적인 도시를 누빌 때 이보다 더 훌륭하고 논리적인 수단이 또 있겠나?"

"이 페이지에 흩어져 있는 조각을 결합하면 마차를 몇 대나 완성할 수 있을까?"

완성된 마차의 수를
지도에서 찾아가시오.

분홍 메시지

"왓슨, 저 분홍 종이의 뒷면에 휘갈겨 썼다가 대충 지운 사적인 메시지를 알아볼 수 있겠나?
아무래도 보헤미아의 국왕이 발송한 외교 서한의 초안이 아닐까 싶네."

"한 모퉁이부터 시작해서 인접한 글자를 차례로 따라가며 읽어보겠나?"

이 메시지에서 가장 긴 단어의
글자 수를 지도상에서 찾아가시오.

이너템플의 창립자

M K T
H P
R N
E S
G L
A I
T

"**자**넨 이너템플이 보기보다 훨씬 유서 깊은 장소라는 걸 알고 있나? 무려 8세기 전에 지어진 곳이거든. 지금은 변호사들이 일하는 공간이지만 이곳의 창립자들은 전혀 달랐네."

"인장 둘레에 적힌 글자 중 하나에서 시작해 일정한 숫자만큼 건너뛰며 읽으면 그들의 정체를 알게 될 걸세."

> 지도에서
> 템플 교회의 도면을
> 찾아가시오.

감정 훈련

"**나**처럼 이성을 갈고닦아 정확하고 논리적인 도구로 만들려면 우선 감정을 다스리는 법부터 배워야 해. 나는 고대 철학자인 아리스토텔레스가 준수한 아래 목록을 충실하게 지킨다네. 비록 범죄에 큰 관심을 둔 학자는 아니었지만, 그가 남긴 연구 업적은 우리에게 좋은 참고가 되지. 아래 글자판은 감정에 관한 지식을 시험해볼 좋은 자료일세."

"오른쪽 목록의 각 단어는 가로, 세로, 혹은 거꾸로 두 번씩 들어가 있는데, 단 하나만 예외라네."

```
A S H A M E E S I R P R U S P
S B P C D E S A D N E S S F I
A L R G I J O N P F N Y N L T
D O I F S O R G I E V T J O S
N V D E M Y R E T A Y I E V H
E E E A N G E R Y R G P I E A
S N K R E P D I S G U S T S M
S E T P M E T N O C S H A M E
E S I R P R U S S T E D I R P
Y O J S T S U G S I D I D N I
I N D I G N A T I O N Y V N E
```

FEAR 공포
ANGER 화
SADNESS 슬픔
JOY 기쁨
DISGUST 혐오
PITY 연민
CONTEMPT 경멸
SURPRISE 놀람
ENVY 질투
LOVE 사랑
SHAME 수치
PRIDE 자부심
INDIGNATION 분노

예외인 감정이 위에서 몇 번째인지 알아내어 지도에서 그 숫자를 찾아가시오.

비밀 인용문

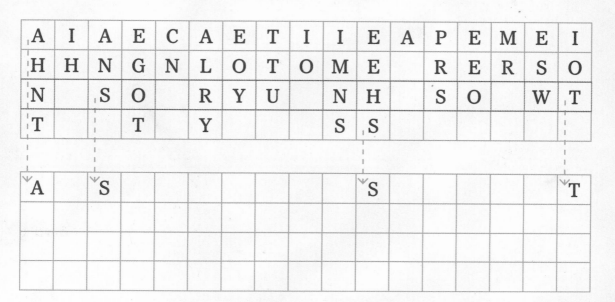

A	I	A	E	C	A	E	T	I	I	E	A	P	E	M	E	I
H	H	N	G	N	L	O	T	O	M	E		R	E	R	S	O
N		S	O		R	Y	U		N	H			S	O		W
T			T			Y			S	S						

A		S						S								T

"이번 모험의 핵심 주제는 프라이버시를 지키기 위한 '비밀'의 중요성이네, 왓슨. 절대 가볍게 여겨서는 안 될 문제지.

미셸 오디아르도 말하지 않았던가.

'거짓말은 한 사람과 공유하는 것'이라고."

"하지만 이번 한 번만 비밀을 가지고 놀아보도록 하세. 위의 원고지에 적힌 글자들을 아래 원고지의 적합한 칸으로 곧장 떨어뜨려 비밀에 관한 재치 있는 말을 완성하게."

비밀을 지키기 위해 설계된
기계 장치를 지도에서
찾아가시오.

슬라이드 패널

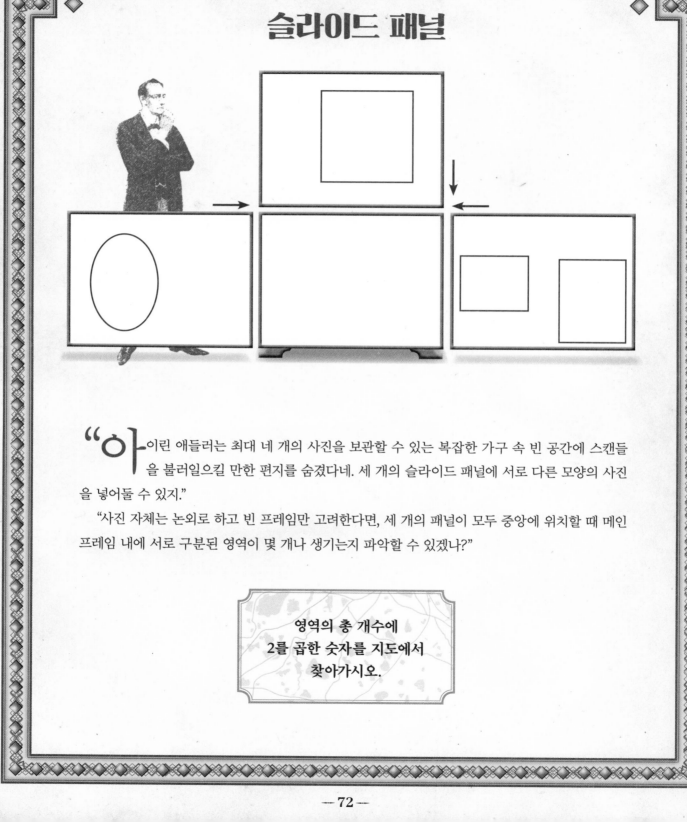

"아이린 애들러는 최대 네 개의 사진을 보관할 수 있는 복잡한 가구 속 빈 공간에 스캔들을 불러일으킬 만한 편지를 숨겼다네. 세 개의 슬라이드 패널에 서로 다른 모양의 사진을 넣어둘 수 있지."

"사진 자체는 논외로 하고 빈 프레임만 고려한다면, 세 개의 패널이 모두 중앙에 위치할 때 메인 프레임 내에 서로 구분된 영역이 몇 개나 생기는지 파악할 수 있겠나?"

영역의 총 개수에
2를 곱한 숫자를 지도에서
찾아가시오.

템플 기사단의 논리

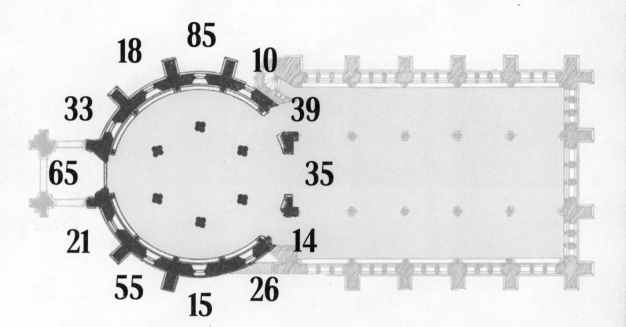

"이 너템플에서 가장 오래된 영역은 두말할 것도 없이 템플 교회지. 템플 기사단은 예루살렘의 성지인 성분묘교회를 본떠서 이곳의 회중석을 둥글게 설계했네."

"나는 이 회중석이 그 자체로 '논리의 사원'이라고 생각되는군. 열두 개의 입구에 적힌 숫자들이 하나의 패턴을 따르고 있잖나. 하지만 딱 하나만은 예외지. 어떤 규칙인지 눈에 들어오는가?"

잘못된 숫자를
알아내어 지도에서
찾아가시오.

책장 논리

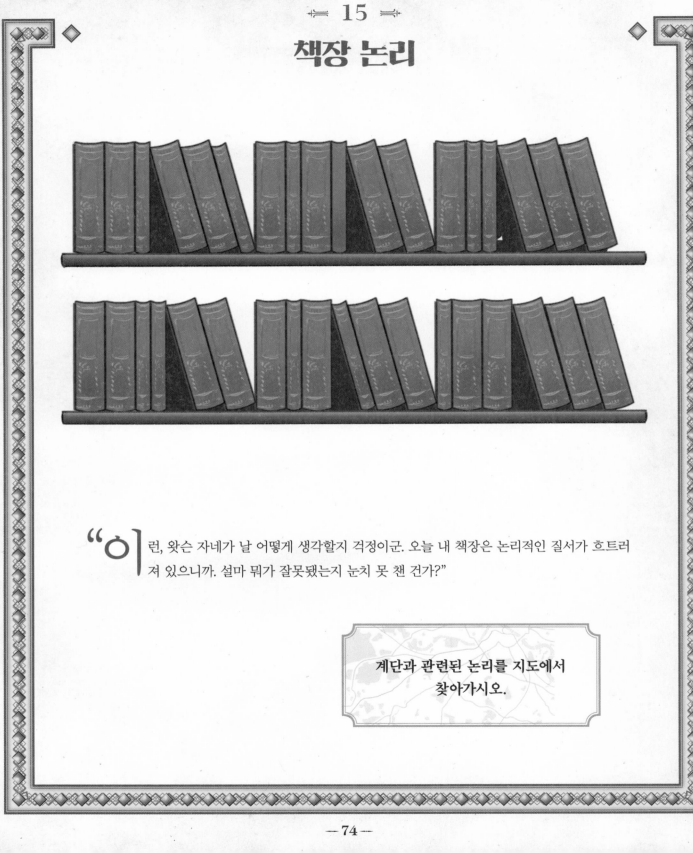

"이런, 왓슨 자네가 날 어떻게 생각할지 걱정이군. 오늘 내 책장은 논리적인 질서가 흐트러져 있으니까. 설마 뭐가 잘못됐는지 눈치 못 챈 건가?"

계단과 관련된 논리를 지도에서
찾아가시오.

처브 자물쇠

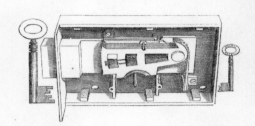

"**아**이린 애들러의 별장은 현관에 처브 자물쇠가 달려 있더군. 난 이걸 발명한 제레미아 처브의 기계적이고 논리적인 사고방식이 존경스럽다네. 도둑이 문을 여는 데 실패해도 주인에게 그 사실을 알려줄 뿐더러, 지난 30여 년간 수많은 침입 시도를 물리친 자물쇠거든."

"이 자물쇠의 주요 부품은 BAR(막대), CASE(상자), COVER(뚜껑), CURTAIN(막), CYLINDER(실린더), DE-TECTOR(탐지기), KEY(열쇠), LEVER(지레), LOCK(로크), REGULATOR(조절기), SCREWS(나사), SPRINGS(스프링), STUMP(기둥), TALON(쇠시리), TUMBLER(텀블러)인데, 모두 아래의 십자말풀이에 딱 들어맞지. 난 아이린의 약혼자가 이너템플의 사무실에서 돌아오기 전에 이 집에 들어갈 다른 방법을 찾아내야겠어."

> 셜록 홈즈가 처음에
> 언급한 장소인 비쥬 별장을
> 지도에서 찾아가시오.

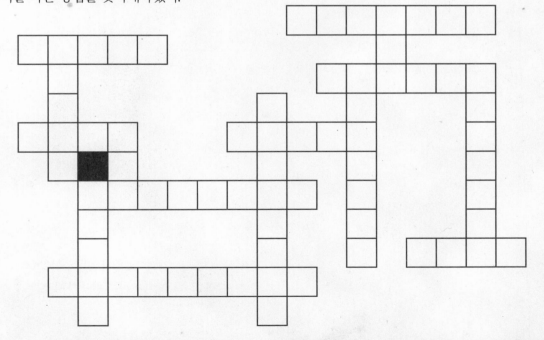

관찰력

"**사**실을 철저하고 확실하게 관찰하지 않으면 논리는 힘을 잃고 말지. 우리는 항상 현실을 종합적으로 관찰하고 이를 추리의 근거로 삼아야 하네."

"시험 삼아 물어보지. 위의 카드를 관찰해서 잘못된 점을 찾아내는 데 자네는 얼마나 걸리겠나?"

지도에서 체스판 위의 오렌지 씨를 이용한
홈즈의 다음 추리 수업을 찾아가시오.

"안녕히 가세요, 셜록 홈즈 선생"

"이 말은 자네의 사건 노트에 기록하지 말게, 왓슨. 난 이 여인의 배려에 감탄했네. 놀랍게도 날 스쳐 지나가면서 '안녕히 가세요, 셜록 홈즈 선생'이라고 인사하더니, 자기 이름이 새겨진 유리 큐브 두 개를 내 주머니에 슬쩍 집어넣지 뭔가."

"연속된 면을 따라 읽다보면 어떤 단어인지 알아낼 수 있어. 하지만 서둘러 만들었는지 글자를 새길 때 실수가 있었다는 걸 깨닫지 못했더군. 나를 향한 감정의 실마리를 보여주는 아주 귀여운 실수지."

지도에서 담배연기 고리를
찾아가시오.

아이린의 비쥬 별장

"**왓**슨, 별장 안에서 갓프리 노턴이 아이린 애들러에게 정확히 무슨 얘기를 하는지는 안 들리지만, 저 창문을 통해 대화의 일부를 알 수는 있겠군."

"장소를 뜻하는 단어를 최소한 한 개는 추측할 수 있겠지?"

위의 메시지에서
언급된 장소의 정문을
찾아가시오.

비밀의 논리

"**비**밀이라고 하면, 난 내가 존경하는 논리적이면서도 장난스러운, 친애하는 작가 루이스 캐럴이 생각난다네.

그런데 그는 혹시 자신의 체셔 고양이가 아래의 논리와 소전제를 이용해 비밀을 누설하지는 않을지 걱정되지 않았을까?"

웃는 동물치고 동정심이 없는 동물은 없다.

입술이 가벼운 존재만이 신뢰를 저버린다.

체셔 고양이는 자연스럽게 웃는다.

동정심은 존경심을 낳는다.

모든 비밀은 신뢰를 바탕으로 한다.

존경심은 사려 깊지 않은 말을 막는다.

지도에서 중요한 인용문을
찾아가시오.

씨앗 논리

"그래, 사실이란 건 중요하지. 하지만 사실을 정리하고 가설을 세우는 데 핵심이 되는 건 논리라네. 이 다섯 개의 오렌지 씨앗을 내가 직접 모아서 이 사건을 상징하는 체스판에 올려놓은 기본적인 정보라고 가정해보게. 그리고 가설을 하나 세우려면 씨앗 세 개가 일렬이 되어야 한다고 추가로 가정해보지. 위에서 씨앗을 배열한 방법으로는 일직선이 두 개뿐이라 두 개의 가설밖에 도출하지 못하네."

"바로 여기서 창의력이 요구되네. 이제 자네는 단순한 논리학자를 뛰어넘는 인물이 되어야 해. 씨앗 다섯 개를 체스판에 배열하면서 세 개의 씨앗이 더 많은 일직선을 이루도록 해 더 많은 가설을 도출하는 방법은 여러 가지가 있어. 세 개의 씨앗을 한 번에 몇 가지 방식으로 정렬할 수 있겠나?"

> **지도에 있는 책장으로
> 자신의 논리력을 시험해보시오.**

담배연기 고리

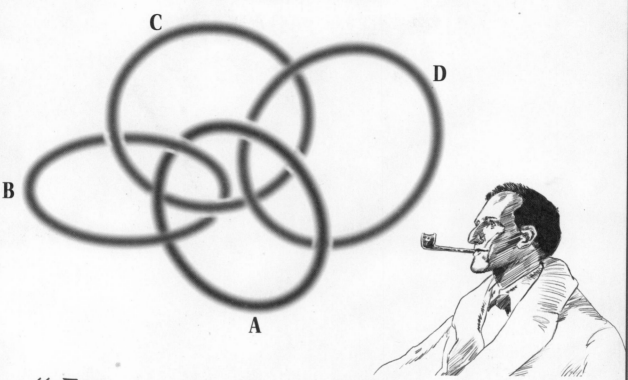

"**홈**즈, 자넨 정말 날 놀라게 하는군." 왓슨이 외쳤다. "담배를 피울 때조차 논리 문제를 연구하다니. 홀연히 사라지고 마는 담배연기는 감정에 지배당하는 이성의 무익함을 보여주는 이미지이긴 하지만, 여기에는 어떤 특정한 패턴이 들어가 있나?"

"저 고리들이 각자 흩어져 자유롭게 떠다닐 수 있을지 궁금하군. 혹시 네 개가 서로 걸린 곳 없이 따로 떨어져 있나?"

다음 페이지로 가시오.

바스커빌 가의 사냥개

사나운 사냥개의 흔적을 추적하던 명탐정 홈즈는 언제나처럼 차분하고 흔들림 없는 논리로 초자연적인 전설 속 공포와 맞서지만, 사건 현장의 음울한 분위기 탓에 위험은 점점 커져만 간다. 바스커빌 홀이 자리한 거칠고 변덕스러운 황무지에는 탈옥수와 무시무시한 짐승, 희귀 곤충, 고대 유물, 냉혹하고 비열한 범죄자 들이 몰래 돌아다니고 있기 때문이다.

『바스커빌 가의 사냥개』에서 영감을 받은 여러 퍼즐을 마치 진흙탕 사이에 난 좁은 길을 걷는 기분으로 조심스럽게 풀어나가자. 홈즈가 자신의 예민한 후각을 신뢰하며 악당을 잡듯, 자기 자신의 추리력을 믿어라.

서론에서 설명한 대로 이 챕터에 첨부된 지도를 찢어 여행의 길잡이로 삼으세요. 이번 챕터에서 마주치게 될 기묘한 장소와 사건을 파헤쳐나가는 데 꼭 필요한 도구입니다.

다음 페이지의 첫 번째 퍼즐부터 풀고, 상자 안에 든 힌트를 따라 지도에서 다음 퍼즐의 번호를 찾으세요. 지도의 제목 위에 적힌 번호를 보고 같은 챕터의 해당 퍼즐로 이동합니다.

퍼즐을 하나씩 풀 때마다 지도로 갔다가 다시 퍼즐로 돌아오기를 반복하며 끝까지 완성하세요.

지팡이 논리

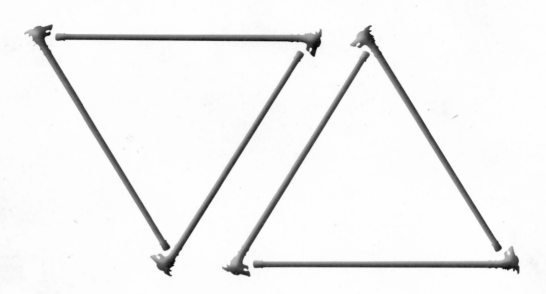

"왓슨, 어제 새 의뢰인이 놓고 간 지팡이를 이용해 자네의 창의력을 시험해보고 싶군." 홈즈가 말했다. "탐정 일을 하려면 평범한 추리에서 벗어나 단순한 인간이 도달할 수 없는 깊은 분석적 사고의 영역에 들어갈 필요가 있거든."

"자네에게 이런 지팡이가 여섯 개 있다고 상상해보게. 동일한 크기의 삼각형 네 개를 만들려면 어떻게 배치해야겠나?"

지도에서 해골을 찾아가시오.

바스커빌 가의 사냥개

MAP

5. 잡초 제거하기

1. 지팡이 논리

9. 해골 미로

12. 조각 그림 맞추기

13. 장인정신

홀

마주하기

2. 주목 길의 멜로디

16. 신발 끈의 매듭

4. 2704번 이륜마차

TORQUAY

6. 공포의 논리

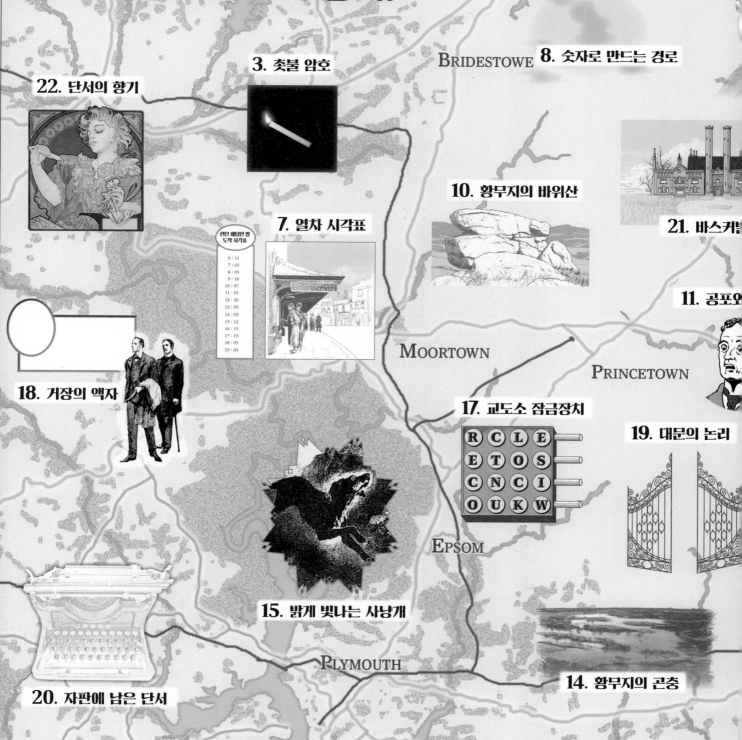

바스커빌 가의 사냥개

22. 단서의 향기

3. 촛불 암호

BRIDESTOWE

8. 숫자로 만드는 경로

10. 황무지의 바위산

21. 바스커

7. 열차 시각표

런던 패딩턴 발 도착 시각표
6 : 11
7 : 05
8 : 05
9 : 16
10 : 07
11 : 01
12 : 20
13 : 05
14 : 03
15 : 12
16 : 15
17 : 19
18 : 05
19 : 04

MOORTOWN

11. 공포와

PRINCETOWN

18. 거장의 액자

17. 교도소 잠금장치

R C L E
E T O S
C N C I
O U K W

19. 대문의 논리

EPSOM

15. 밝게 빛나는 사냥개

20. 자판에 남은 단서

PLYMOUTH

14. 황무지의 곤충

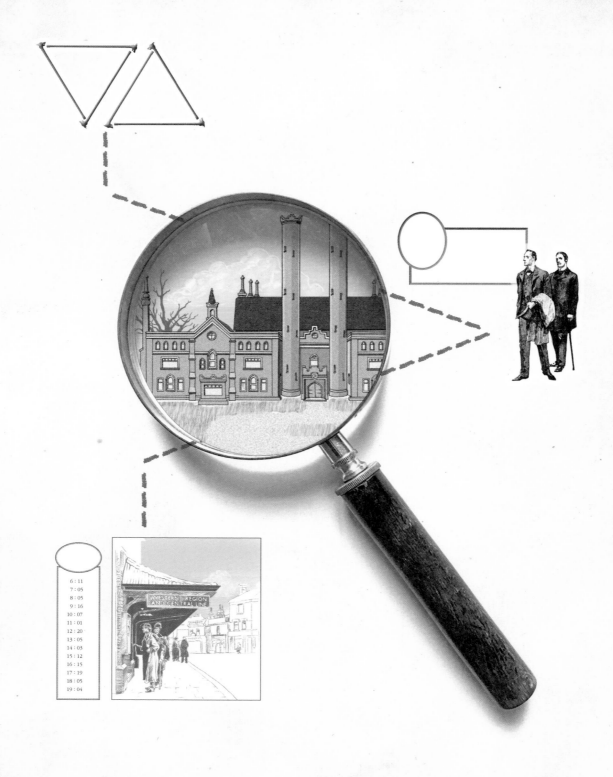

6 : 11
7 : 05
8 : 05
9 : 16
10 : 07
11 : 01
12 : 20
13 : 05
14 : 03
15 : 12
16 : 15
17 : 19
18 : 05
19 : 04

WESTERN REGION
AND CENTRAL LINE

주목 길의 멜로디

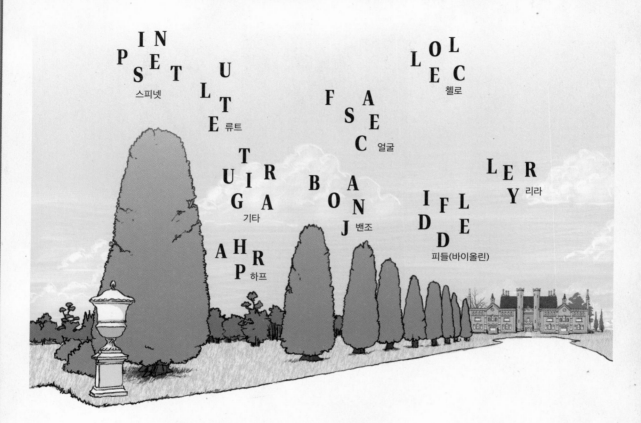

PINSET
스피넷

LUTE
류트

LOLEC
첼로

FSACE
얼굴

UIGTRA
기타

BONAJ
밴조

IFLDDE
피들(바이올린)

LERY
리라

AHRP
하프

"**주**목은 탄성이 좋아서 소총과 대포보다 이전 시대에 영국에서 나무 활과 화살의 주요 원자재였네." 홈즈가 설명을 이어갔다. "이제는 그 탄성 덕분에 악기를 만드는 평화로운 용도로 사용되지. 그 유명한 바스커빌 홀의 주목 길을 걷자 하니, 나무가 사방에서 음악을 연주하는 것 같군."

"이 중에서 한 단어가 악기가 아닌, 우리의 다음 목적지에 관한 힌트를 주고 있네."

음악과 관련이 없는 단어를 알아내 지도에서 찾아가시오.

촛불 암호

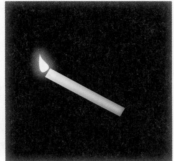

"**왓**슨, 유감스럽게도 자네 이번 모험에 관한 기록을 다시 써야 할 것 같군. 집사인 배리모어에게 감쪽같이 속았으니 말이야! 난 창문이 잠겼는지 확인했다는 그의 말을 조금도 믿지 않네. 그가 초를 두 개 들고 있었다는 걸 떠올려보게. 하나로는 먼 거리에서 사용하기에 불빛이 너무 희미했던 거지."

"배리모어는 황야에 숨어 있는 자신의 탈옥수 처남에게 신호를 보내고 있던 게 분명해! 그의 암호를 해독할 수 있겠나?" (힌트: 셜록 홈즈는 '시간은 금이다'라는 말을 자주 함)

지도에서 좀 더 현대적인 메시지 기록 장치를
찾아가시오.

2704번 이륜마차

" **2**704라니. 놀라운 숫자군, 왓슨. 외우기도 쉽고. 아래의 아홉 자리 숫자 사이에 연산 기호를
하나 또는 여러 개 삽입해서 얻을 수 있으니 말일세."
"괄호를 제외한 연산 기호를 몇 개나 사용하면 되겠나?"

$$3 \ 9 \ 2 \ 5 \ 4 \ 7 \ 1 \ 8 \ 6 = 2704$$

지도에서 미술계의 거장들을
찾아가시오.

잡초 제거하기

C I L O V E R

S H E M L O N C K

N E E T T L E S

P A C R S L E Y

T H I S T L S E

클로버   독미나리   서양쐐기풀   파슬리   엉겅퀴

"이건 아주 흥미로운 미적 선택이 아닌가, 왓슨. 그림펜 마을 사람들은 초가지붕 꼭대기에 잡초가 자라게 한다네. 잡초로 집의 빈틈을 메우는 거지."

"그런데 안타깝게도 반갑지 않은 글자가 몇 개 섞여 있어서 조금 쳐내야 할 것 같군! 그런 글자들로 단어를 완성할 수 있겠나?"

원치 않은 글자들로 단어를 완성하면
지도에서 다음으로 찾아갈 곳이 보인다.

공포의 논리

참을 수 없는 일은 공황상태를 유발한다.

✳

공포는 참기 힘들다.

✳

위협을 인지하지 못하면 위험을 느끼지 못한다.

✳

위협은 결과를 인식할 때만 존재한다.

✳

결과를 인식하려면 상상력이 필요하다.

✳

두려움과 공황상태는 늘 동반한다.

✳

위험을 느끼지 않으면 두려움도 자라나지 않는다.

"**공**포는 분명 이번 사건에서 아주 중요한 요소라네. 찰스 바스커빌 경을 살해한 범인은 공포를 무기로 쓴 게 분명해. 그렇긴 하지만 상상력이 부족한 피해자였다면 그런 계략이 통했을지 의심스럽군."

"위의 소전제와 논리에 따라 죽은 찰스 경이 상상력이 없는 사람이었다면, 쪽문에서 무시무시한 존재를 만나도 공포에 사로잡히지 않았을까?"

이 공포 이야기가
시작된 저택을
지도에서
찾아가시오.

열차 시각표

런던 패딩턴발 도착 시각표

6 : 11
7 : 05
8 : 05
9 : 16
10 : 07
11 : 01
12 : 20
13 : 05
14 : 03
15 : 12
16 : 15
17 : 19
18 : 05
19 : 04

WESTERN REGION AND CENTRAL LINE

"기차역이란 도무지 심심할 틈이 없는 곳 아닌가, 왓슨? 그저 시각표만 분석해도 두뇌를 훈련하며 시간을 보낼 수 있지. 마침 런던 패딩턴 역에서 출발한 레스트레이드 경감을 기다리는 중이니 말일세! 기차역이 도착 시각표를 이용해 우리에게 암호로 된 경고 메시지를 보내고 있는 게 보이나?"

"자네 혼자 해독할 수 있겠나? 아니면 내 도움이 필요한가?"

메시지 속에
숨은 장소를
찾아가시오.

숫자로 만드는 경로

```
1  7  5  8  3  7  9  8  1  5  3  1  8  1  2  3
9  5  6  3  9  3  4  6  2  7  2  5  4  3  7  6
1  3  5  7  7  9  2  8  5  4  8  6  2  7  3  4
9  7  1  6  4  2  3  5  4  2  3  7  6  1  6  3
2  4  5  8  2  3  4  8  2  5  4  6  4  3  5  2
4  9  1  4  5  9  3  2  9  4  1  2  7  1  2  7
6  7  6  3  7  2  1  8  7  9  5  6  2  3  4  5
5  4  5  7  9  4  3  2  5  1  7  1  3  1  6  2
3  2  7  9  8  5  4  7  4  3  9  6  6  7  4  3
4  2  1  5  2  3  6  5  2  9  8  7  4  6  3  8
8  9  4  2  5  8  1  3  7  6  1  4  5  3  2  5
3  7  3  6  1  6  3  2  6  3  4  2  6  2  1  7  6
2  2  8  9  7  5  8  6  2  4  2  9  7  5  1  9
8  4  5  6  9  7  5  4  5  6  5  6  8  5  1  0
```

"**퍼**즐판을 통과하는 경로를 시험해보게, 왓슨. 맨 위 왼쪽 모퉁이의 '1'에서 시작해 맨 아래 오른쪽 모퉁이의 '0'에서 끝나되, 위와 같이 숫자로 한 세트를 이뤄야 하네. 가로나 세로로만 움직일 수 있고, 한 세트는 반드시 서로 다른 숫자로 구성되어야 해. 이미 나온 숫자가 나오면 오른쪽이나 왼쪽으로 돌아서 새로운 세트를 시작하게."

> 지도에서 작은 마을의
> 초가지붕을 찾아가시오.

해골 미로

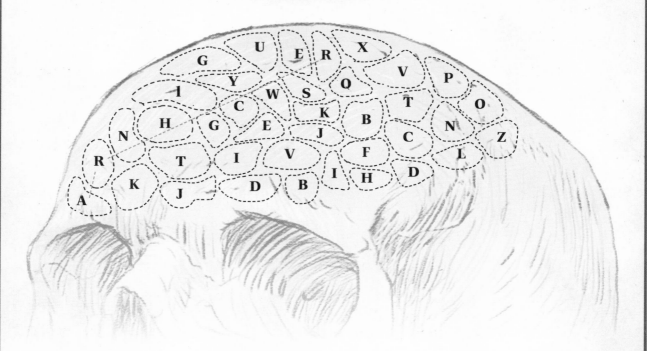

"**홈**즈 씨, 솔직히 말해서 당신의 두뇌가 부러워요!" 의사인 모티머가 고백했다. "난 위대한 인물들의 두뇌를 분석하고 싶은 열망이 끊임없이 샘솟거든요."

"고맙습니다. 그런 말을 들으니 기분이 좋군요." 홈즈가 대답했다. "저도 골상학을 연구한 프란츠 요제프 갈을 알고 존경합니다. 그는 사람 머리에 난 여러 혹을 이용해 정신의 기능에 관한 단서를 찾으려 했죠. 탐정 일을 할 때도 평평한 표면에서 예상치 못한 장애물을 발견할 때만큼 소중한 순간은 없답니다."

"이보게, 왓슨. 이 해골을 가로질러 갈 논리적인 방법이 있네. A부터 Z지점까지 찾아가면서 한 번은 인접한 글자, 또 한 번은 똑같은 글자를 교대로 이어가게."

> 경로를 완성하는 데 사용된 혹의 개수에서
> 1을 뺀 숫자를 지도상에서 찾아가시오.

황무지의 바위산

"다트무어 지방의 유명한 암반 지형인 폭스 토르Fox Tor에는 가로, 세로로 읽었을 때 다양한 방법으로 TOR라는 단어를 완성할 글자가 여러 개 새겨져 있네."

'TOR'라고 읽을 방법의 개수를 세고, 1을 뺀 수를 지도에서 찾아가시오.

공포와 마주하기

"**왓**슨, 자네도 알다시피 표정은 감정과 밀접히 연관돼 있네. 대부분의 사람은 어릴 때부터 감정을 겉으로 드러내는 걸 억제하고 숨겨야 한다고 배우지만, 공포는 워낙 강력하고 통제할 수 없는 감정이어서 아무리 훈련을 해도 얼굴이 일그러지기 마련이지."

"여기 있는 헨리 바스커빌 경의 얼굴도 무시무시한 짐승을 보고 여러 형태로 뒤틀리지 않았나."

헨리 경이 지은 서로 다른
표정의 개수를 세어 거기에 3을
더한 숫자를 찾아가시오

조각 그림 맞추기

"**왓**슨, 쓰레기통은 단서의 보고이네. 여기 스태플턴 부인이 헨리 경에게 보낸 메시지의 초고가 버려져 있군. 최종본에는 'As you value your life or your reason, keep away from the moor(목숨이나 이성을 잃기 싫다면 이 황무지를 떠나시오).'라고 쓰여 있었는데, 여기는 딱 한 단어가 달라."

"수정한 단어가 뭔지 알겠나?"

> 최종 메시지에 포함되지 않은 단어의
> 철자 수에 9를 더한 숫자를
> 지도에서 찾아가시오.

장인정신

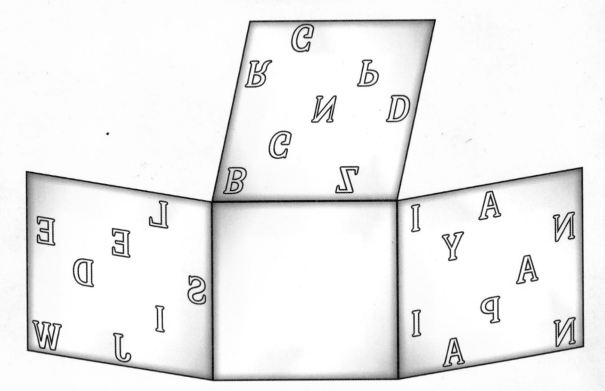

"**전**설의 커다란 짐승은 헨리 경의 조상인 휴고 바스커빌 경을 살해한 것으로 유명해져서 그 내용이 새겨진 장신구까지 만들어졌다네. 유리의 세 면을 가운데 면 위로 접어 올리면 내용을 읽을 수 있지."

"뭐라고 쓰여 있는지 해독해보겠나?"

단어 수에 1을 더한 숫자를
지도에서 찾아가시오.

황무지의 곤충

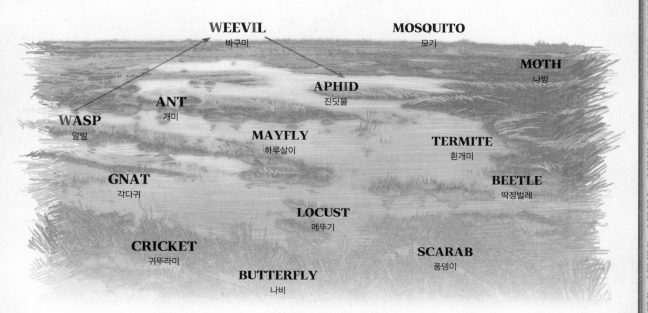

"잭 스태플턴은 곤충을 연구한다지. 온갖 곤충이 풍부한 황무지에서 그런 취미를 만들다니 정말 훌륭한 선택 아닌가." 홈즈가 생각에 잠긴 채 말했다. "언제든 마을 곳곳을 돌아다닐 수 있는 구실도 되고 말이야."

"어떻게 하면 이 열네 개 곤충의 이름을 서로 한 글자만 공통된 것들끼리 이어갈 수 있을까?"

지도에서 황무지의 높은 지대를
찾아가시오.

밝게 빛나는 사냥개

"이 물그릇에는 이번 사건의 중요한 단서가 들어 있네." 홈즈가 말을 이었다. "공기와 산소에 노출되면 가연성이 높아지는 화학물질이라 물속에 담가놓은 거지. 스태플턴은 자신의 커다란 사냥개에 이 물질을 묻혀서 초자연적인 괴물로 변신시켰어."

"왓슨 자네는 화학에 정통하니 알아챘어야지. 우릴 공격한 괴물한테선 마늘 냄새가 났는데, 바로 이 화학 물질을 가열하면 그런 냄새가 나거든. 뭔지 알겠나?"

> 지도에서 향수를 홍보하는 광고를
> 찾아가시오.

신발 끈의 매듭

"왓슨, 헨리 경의 신발을 살펴보게. 어제 노섬벌랜드 호텔에서 신발 한 짝을 도난당했다는데, 담당 직원은 다시는 그런 일이 없을 거라고 맹세했다지. 그래서인지 양쪽 신발 끈을 단단히도 묶어놨군."

신발 끈을 잡아당기면 매듭이 몇 개 생기는지 세고, 지도에서 그 숫자를 찾아가시오.

교도소 잠금장치

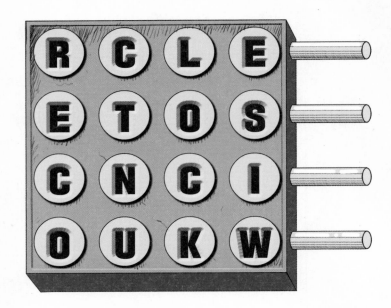

"흥 미롭군." 홈즈가 교도소의 새로운 보안 시스템을 검사하며 중얼거렸다. "재래식 자물쇠를 전부 새것으로 교체했어. 이제 교도관이 열쇠 뭉치를 들고 다닐 필요도 없지. 문마다 핀과 휠로 잠금장치의 개폐를 제어하는 독창적인 시스템이거든. 대신 올바른 순서로 암호를 눌러야 하는데, 똑똑한 죄수가 그걸 뚫고 탈출한 거야. 암호를 탐지해서 정확히 누를 만큼 예리한 사람이었던 거지."

"키패드에서 연속된 키를 눌러야만 완성되는 열여섯 글자로 된 암호 단어가 뭔지 알겠나?"

지도에서 전통적인 방식의 퍼즐을 찾아가시오.

거장의 액자

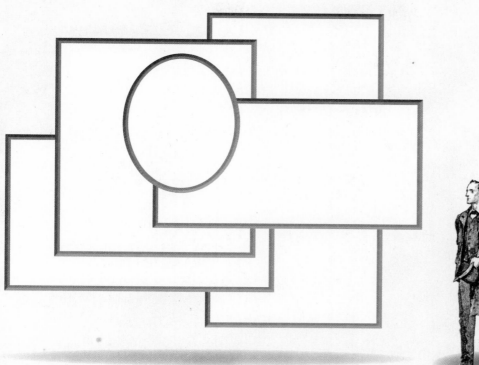

"이렇게 화랑을 거닐며 벨기에 거장들의 그림을 비교하는 건 물론 즐거운 일이네." 홈즈가 말했다. "하지만 그림은 잠시 잊게, 왓슨. 액자 프레임에 흥미로운 기하학 문제가 숨어 있으니 말일세."

"그림을 전부 한데 모아 프레임만 남도록 투명하게 만든다고 생각해 보게. 프레임으로 구분되는 독립적인 영역이 몇 개나 생기겠나?"

지도에서 기차역을 찾아가
레스트레이드 경감을 기다리시오.

대문의 논리

"**바**스커빌 홀의 대문은 숫자로 꾸며져 있는데, 웬만해서는 대장간에서 만들지 않는 쇠장식이지."

"대장장이가 의도적으로 집어넣은 논리적 결함이 보이는가?" 홈즈가 물었다. "나처럼 뛰어난 지성을 소유한 사람이 알아보기를 기대했던 것 같군."

틀린 숫자의 각 자릿수를 더한 합을 찾아가시오.

자판에 남겨진 단서

R U B T T E B E N E G A
N T S E R D E T A H T
H I L A N B Y T T E

"**스**태플턴 양은 정말로 영리한 사람이군!"
홈즈가 감탄하며 외쳤다. "남편인 잭의 강압에 못 이겨 찰스 바스커빌 경을 죽음에 이르게 한 메시지를 타이핑했지만, 자판에 자신이 입력한 단어의 흔적을 남겨뒀어."

"가로나 대각선으로 서로 인접한 글자들을 따라 가다 보면 메시지를 알아낼 수 있네."

지도에서 밝게 빛나는 개를 찾아가시오.

바스커빌 홀

  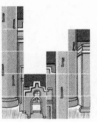  

"바스커빌 홀은 높은 탑이 두 개나 솟아 있어서 위압적인 분위기를 풍기지. 17세기에 발생한 수치스러운 사건의 유물이 건물에 새겨져 있는 것도 무리가 아니야."

"저택 앞면에 바둑판 모양의 조각으로 사건의 원인을 알려주는 키워드가 숨겨져 있네. 최근에 몇 조각이 떨어지긴 했지만 그걸 다시 끼워 넣는다고 상상하며 그 치명적인 단어를 찾아낼 수 있겠나?"

주목나무가 있는 길을 찾아가시오

단서의 향기

A	B	J	V	E	T	I	V	E	J	E	A
G	B	E	R	G	A	M	O	T	E	H	C
A	M	S	U	V	E	B	E	W	S	I	E
A	R	Y	S	A	N	D	A	L	W	S	O	D
G	R	A	F	R	O	S	E	N	A	E	A
A	R	M	O	N	X	I	M	C	M	L	R
L	H	I	L	K	A	L	I	A	I	K	O
B	E	N	A	X	L	P	O	R	N	I	S
A	J	E	S	S	A	M	I	N	E	L	E
N	A	L	P	R	E	D	N	E	V	A	L
U	P	X	I	L	U	O	H	C	T	A	P
M	L	K	N	E	X	K	S	I	R	R	O
L	A	V	E	N	D	E	R	K	X	A	L

AGAR 한천

BASIL 바질

BERGAMOT 베르가못

CARDAMON 카더몬

CEDAR 삼나무

ELEMI 엘레미

GALBANUM 갈바눔

JESSAMINE 재스민

LAVENDER 라벤더

MYRRH 몰약

ORRIS 오리스

PATCHOULI 파촐리

PINE 소나무

ROSE 장미

SANDALWOOD 샌달우드

VETIVER 베티버

"이 보게, 왓슨. 이번에도 고도로 훈련된 나의 후각이 이 풀스캡 종이의 메시지는 여자가 작성한 거라고 알려주었네." 홈즈가 선언했다. "그래서 데번으로 오기 한참 전부터 이 사건에서 결정적인 역할을 맡고 있는 여성을 만나게 될 줄 알았지. 게다가 그녀는 특별한 향수 냄새를 풍긴다네. 내가 구분할 수 있는 일흔다섯 가지 향 중 하나. 스태플턴 부인이 뿌리는 향은 위의 표에 세 번이나 들어가 있는데 뭔지 알겠나?"

다음 페이지로 가시오.

빨강 머리 연맹

이번 모험은 홈즈의 논리에 정면으로 반하는 것으로, 위대한 탐정이 왜 이런 일에 소환되어야 하는지 의문을 품는 사람도 있을 것이다. 빅토리아 시대의 질서정연함과 모순될 뿐 딱히 이렇다 할 범죄는 일어나지 않으니 말이다. 붉은 머리가 인상적인 의뢰인 자베즈 윌슨은 여행을 많이 다닌 사람인데 멀리 중국까지 다녀왔으며, 장신구와 문신으로 그 사실을 과시하기를 좋아한다. 현재는 런던에서 상점을 운영하는데 최근에 겪은 명백히 비논리적인 일 때문에 매우 불안해하고 있다. 그에게 일자리를 제의하고 보수도 넉넉히 주던 어느 협회가 하루아침에 사라져버린 것이다.

체납된 임금도 없는 만큼 운이 좋았다며 그냥 넘길 수도 있었지만 윌슨은 명탐정을 찾아왔다. 홈즈는 단박에 이 사건에 매료되어 이런 터무니없는 일은 진상을 알아내야 한다며 의뢰인에게 맞장구를 친다.

서론에서 설명한 대로 이 챕터에 첨부된 지도를 찢어 여행의 길잡이로 삼으세요. 이번 챕터에서 마주치게 될 기묘한 장소와 사건을 파헤쳐나가는 데 꼭 필요한 도구입니다.

다음 페이지의 첫 번째 퍼즐부터 풀고, 상자 안에 든 힌트를 따라 지도에서 다음 퍼즐의 번호를 찾으세요. 지도의 제목 위에 적힌 번호를 보고 같은 챕터의 해당 퍼즐로 이동합니다.

퍼즐을 하나씩 풀 때마다 지도로 갔다가 다시 퍼즐로 돌아오기를 반복하며 끝까지 완성하세요.

빨강색 연구

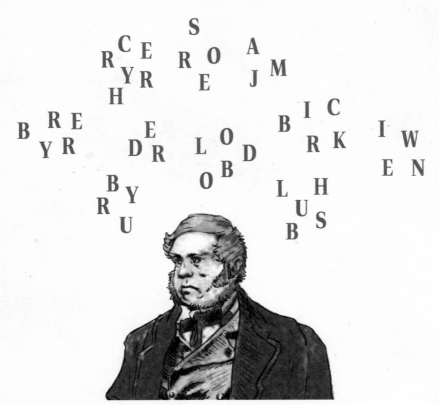

"왓슨, 이 의뢰인의 머리카락은 정말 놀랍군. 빨강 머리이긴 한데, 여러 가지 붉은 기가 섞여 있지 않나. 빨강색을 연구할 좋은 실험 대상이 되겠어."

"언뜻 보기에도 무려 열 가지 색조가 눈에 띄는데, 목록의 색조 중 하나는 위의 머리에 포함돼 있지 않군."

목록에서 몇 번째 색조가 빠져 있는지 알아내고, 그 숫자를 지도에서 찾아가시오.

RED 빨간색

CHERRY 체리색

ROSE 장미색

JAM 잼색

RUBY 루비색

WINE 와인색

BRICK 벽돌색

BLOOD 피색

CANDY 캔디색

BERRY 베리색

BLUSH 담홍색

CHAPTER 5

빨강 머리 연맹

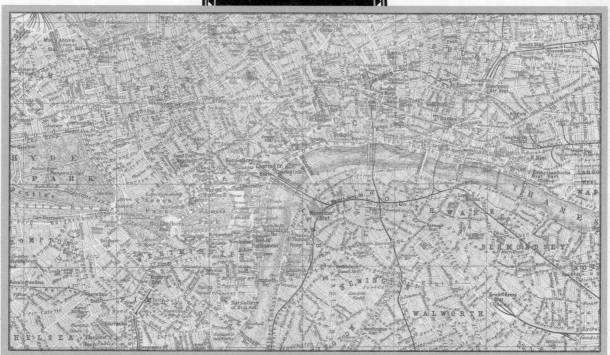

12. 격자형 도로

18. 나폴레옹 금화

10. 바보에서 얼간이까지

잠그기

3. 카드 암호

13. 동전 꿰기

4. 두 대의 카메라

7. 빨강 머리 논리

속의 메시지

22. 앨더스게이트 역

6. 바닥의 판석

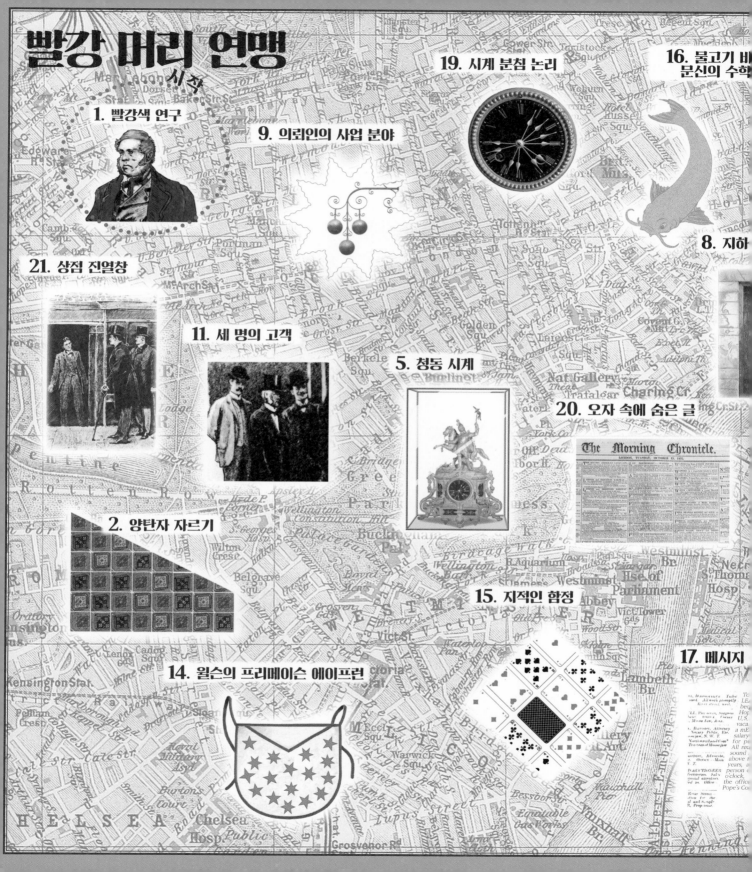

빨강 머리 연맹

시작

1. 빨강색 연구

9. 의뢰인의 사업 분야

19. 시계 분침 논리

16. 물고기 배... 문신의 수학

8. 지하...

21. 상점 진열창

11. 세 명의 고객

5. 청동 시계

20. 오자 속에 숨은 글

The Morning Chronicle.

2. 양탄자 자르기

15. 지적인 함정

17. 메시지

14. 윌슨의 프리메이슨 에이프런

양탄자 자르기

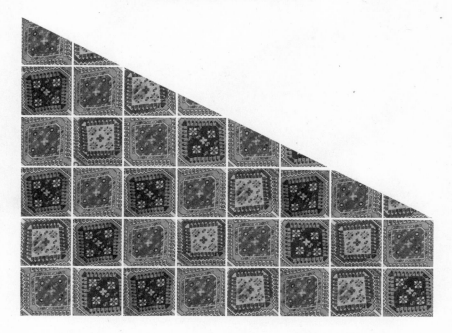

"**진**열창 너머로 아름다운 고대 페르시아 양탄자 조각이 보이는군. 그런데 왓슨, 가격이 저렇게 싼 걸 보니 상점 주인은 저 물건의 진정한 가치를 모르는 모양이야. 저걸 사들여서 우리의 논리를 어떻게 적용할 수 있는지 확인해보세."

"윌슨 씨, 우린 이 저렴한 양탄자가 마음에 드는군요. 이걸 저와 왓슨에게 파실 수 있나요? 정확히 절반으로 잘라 나눠주셨으면 하는데요. 물론 전체적인 패턴이 가능한 한 손상되지 않도록 한 줄로 잘라주셔야 해요."

"말씀하신 대로 정확히 나누기는 힘들겠지만 최대한 노력해보겠습니다, 홈즈 씨."

"아닙니다. 저희가 요구한 대로 손쉽게 자를 방법이 있습니다."

> 양탄자를 어떻게 자를지 정한 다음,
> 양쪽 조각에서 잘리지 않은 칸이 몇 개씩
> 나오는지 세어 1을 뺀 숫자를 찾아가시오.

카드 암호

"**내**가 카드 한 벌을 사왔는데, 이 범죄자들도 나처럼 카드를 좋아하나 보군." 홈즈가 말했다. "게임 중이던 카드가 상자 위에 펼쳐져 있지 않나. 아니, 다시 생각해보니 이건 일부러 남겨놓은 것 같네. 공범에게 보내는 메시지가 분명해."

메시지의 글자 수에서 1을 빼면
다음으로 지도에서 찾아갈 숫자다.

두 대의 카메라

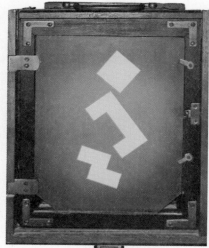

"이 도둑은 공범의 범죄 준비를 도우려고 상점 지하실을 촬영했네. 그것도 각기 다른 렌즈가 달려 배율이 다른 두 대의 카메라로 말이지." 홈즈가 설명을 이어갔다. "오른쪽 카메라로 찍은 사진은 크기가 두 배로 확대됐어. 마분지를 다섯 조각으로 잘라 확인해봤지. 여섯 번째 조각은 들어맞지 않더군."

"어떤 판지가 그 정사각형 안에 들어가지 않았을까?"

완성된 정사각형에 최소 단위의 사각형이 몇 개 들어가는지 세고, 거기에 2를 더한 숫자를 찾아가시오.

청동 시계

"**범**인이 이 청동 시계를 만진 것으로 추정되는 만큼, 지금 가장 중요한 건 바로 유리 케이스네. 도둑의 지문이 묻어 있을 가능성이 아주 높아. 한 번 이상 찍힌 지문도 있군. 유리를 만진 손가락이 총 몇 개인지 한번 알아볼까?" 홈즈가 제안했다.

지도에서 시계의
숫자판을
찾아가시오.

바닥의 판석

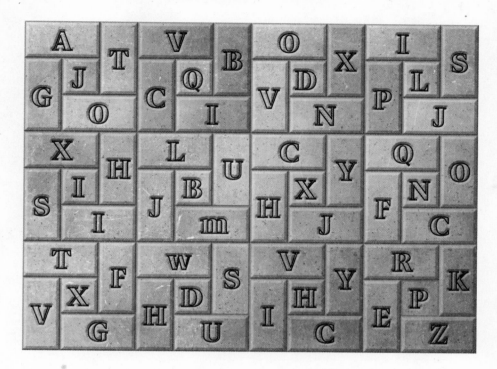

"왓슨, 악당들이 바닥 판석을 들어올리고 지하실에 모습을 드러낼 때까지 우린 두뇌 훈련이나 하고 있자고! 각각의 판석에 글자가 적혀 있다고 상상하게. 그리고 맨 위 왼쪽의 A 부터 맨 아래 오른쪽의 Z까지 미로를 통과해가는 걸세."

"한 번은 바로 붙어 있는 판석으로, 다음번은 같은 글자가 있는 멀리 떨어진 판석으로 번갈아 이동하면서 A에서 Z까지를 연결하면 되네."

지도에서 기차역을 찾아가시오.

빨강 머리 논리

시를 사랑하는 사람치고 음악을 싫어하는 사람은 없다.

단호한 성격의 빨강 머리는 어리석다.

공상에 잠길 줄 모르면 진정한 창의력이 나오지 않는다.

창의력은 천재의 특징이다.

공상가들은 시를 좋아한다.

어리석은 사람이 머리까지 길면 음악을 싫어한다.

"왓슨, 위의 여섯 가지 소전제를 받아들여 논리를 적용해보게. 단호한 성격의 빨강 머리가 장발이라면 그는 천재일 가능성이 있을까?"

천재를 함정에 빠뜨리기 위해 고안된 장치를 찾아가시오.

지하실 잠그기

홈즈가 가게 주인에게 물었다. "지하실에서 범행이 일어날 것으로 예상됩니다. 퇴근할 때 지하실 문을 잠그고 오셨나요?"

"아니요. 지하실에 들어갈 일이 있는 사람이 셋이나 있거든요. 저희 점원과 청소부, 지배인이죠." 주인이 대답했다.

"그건 실수하신 겁니다. 자물쇠를 세 개 설치하고 한 명이 혼자서 모든 자물쇠를 열 수 없도록 관계자들에게 열쇠를 나눠주면 되죠. 다른 한 명이 더 있어야 지하실에 들어갈 수 있게 말입니다."

홈즈가 왓슨에게 물었다. "지하실 문을 어떻게 관리하고, 총 몇 개의 열쇠를 나눠주면 되겠나?"

필요한 열쇠 숫자에 2를 곱한 후 5를 더한 수를 지도에서 찾아가시오.

의뢰인의 사업 분야

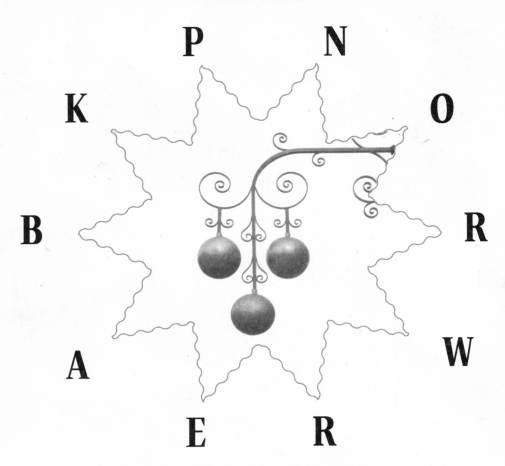

P
N
K
O
B
R
A
W
E
R

"**멀**리 아시아까지 다녀온 의뢰인 윌슨 씨가 어떻게 이런 평범한 일을 하게 됐는지 궁금하군." 홈즈가 큰소리로 중얼거렸다.

"별 주위에 있는 숫자를 반시계방향으로 일정하게 건너뛰어 의뢰인의 사업 분야를 알아내게."

지도에서 의뢰인의 가게를 찾아가시오.

바보에서 얼간이까지

CHUMP
바보

FOOL
어리석은 놈

CRETIN
백치

DUNCE
지진아

PRAT
우둔한 사람

IDIOT
천치

TWIT
멍청이

CLOD
촌뜨기

NINNY
멍청이

JERK
얼간이

HALFWIT
반편이

GOOF
멍텅구리

BOZO
아둔한 놈

DUMMY
바보/벙어리

CLOT
바보/멍청이

STUPID
어리석은 사람

MORON
얼간이/지적장애자

"피터 존스 경감이 오늘 밤 우리를 도와준다니 기쁘군." 홈즈가 왓슨에게 속을 털어놓았다. "일할 때는 완전히 저능아 같지만, 훌륭한 덕목 하나를 갖춘 사람이거든. 불도그처럼 용감하고 바닷가재처럼 집요하지. 물론 그를 '저능아'보다는 순화된 별칭으로 부르고 싶은 사람도 있을 거야."

"다음은 열일곱 개의 동의어라네. 첫 단어인 IDIOT부터 마지막인 MORON까지 연속되는 두 단어에 공통된 문자가 들어가지 않도록 배열할 수 있지. 예를 들어 IDIOT은 CHUMP나 JERK와 붙이면 되네. 한번 해보겠나?"

> 가장 긴 동의어의 글자 수를 세고,
> 거기에서 1을 뺀 후 지도에서
> 그 숫자를 찾아가시오.

세 명의 고객

"**우**리 의뢰인의 상점은 물건 거래의 논리를 시험하기에 적합한 장소네, 왓슨. 저기서 막 구매한 상품을 들고나오는 세 친구에게 질문해보세. 오늘의 쇼핑에 대해 어떻게 생각하시나요?"

알렉스Alex가 대답했다. "은을 샀다면 제가 돈을 가장 적게 쓸 수 있었어요."

버트Bert가 말을 이었다. "전 케일럽Caleb이나 금을 산 친구보다 돈을 많이 썼어요."

"감사합니다, 여러분. 이 정도면 누가 무엇을 샀는지 충분히 알 수 있습니다. 왓슨, 자네도 파악했겠지?"

> 금을 산 사람의 이름을 알아내고,
> 영어 철자 수에 1을 더한 숫자를
> 지도에서 찾아가시오.

격자형 도로

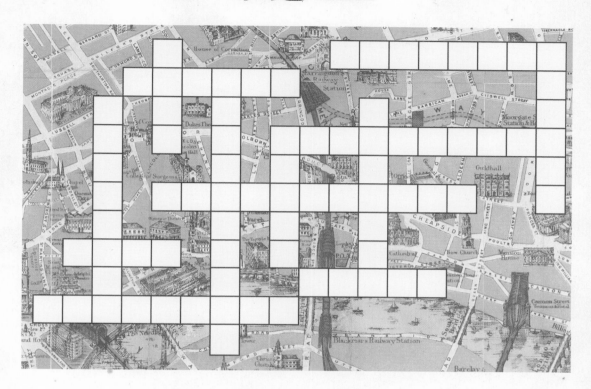

"**뛰**어난 탐정이라면 범죄자보다 한발 앞서기 위해 런던의 복잡한 도로망에 익숙해져야 하네."

"그럼 훈련의 일환으로 삭스 코버그 광장까지 걸어가는 동안 눈에 띈 열세 개 거리를 이용해 위의 낱말판을 완성하게, 왓슨."

> BAKER의 K와 교차하는 길의 글자 수에서 1을 빼면 다음으로 지도에서 찾아갈 숫자다.

BAKER 베이커
THAYER 세이어
MONDEVILLE 몽드빌
MARGARET 마거릿
WELLS 웰스
NEWMAN 뉴먼
THEOBALDS 시어볼즈
CLERKENWELL 클럭큰웰
BLOOMSBURY 블룸즈버리
BOND 본드
SYCAMORE 시카모어
GOSWELL 고스웰
VERE 비어

동전 꿰기

"왓슨, 이번 의뢰인은 중국을 무척 좋아하네. 중국 동전을 시곗줄에 달고 다닐 뿐 아니라 그걸로 목걸이까지 만들었지. 하지만 난 목걸이의 동전 배열이 마음에 안 드는군. 딱 하나만 빼면 완벽하게 논리적이었을 텐데 말이야."

"어떤 동전의 위치가 바뀌어서 목걸이의 논리가 망가졌는지 왓슨 자네도 알겠나?"

왼쪽 위에서부터 세었을 때
잘못 배치된 첫 번째 동전의 위치에서 1을 뺀
숫자를 지도에서 찾아가시오.

월슨의 프리메이슨 에이프런

"**프**리메이슨 회원인 우리 의뢰인은 집회에 참석할 때마다 그들의 상징인 에이프런을 입지."

"에이프런에 그려진 기호를 분석하면 그가 태어난 해를 알 수 있을 것 같군. 어떻게 해석해야 할지 알겠나, 왓슨?"

의뢰인이 태어난 해의 마지막 숫자가
지도에서 찾아가야 할 숫자다.

지적인 함정

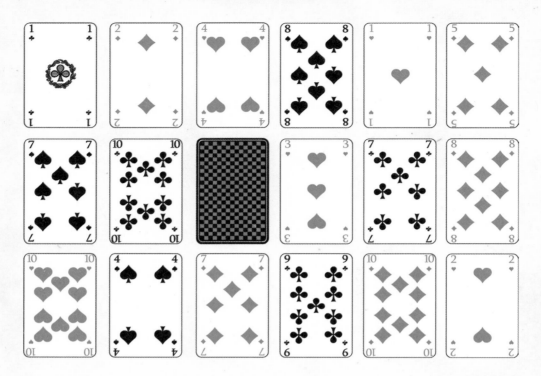

"왓슨, 우리의 적수는 런던에서 네 번째로 똑똑한 사람 같아. 그렇다면 내 카드로 지적인 함정을 만들어서 그의 주의를 분산시킬 절호의 기회야. 날 이기려고 반드시 게임에 응할 테니 말이야. 뭔가 수상하다는 경고등이 발동하겠지만, 메인 카드를 뒤집어서 자신의 답이 옳다는 걸 입증하고 싶은 유혹을 이기지 못할 걸세. 하지만 그 과정에서 실수로 지문을 남길 테고, 우린 그걸 잘 이용하면 되지."

"뒤집힌 카드가 뭔지 알겠나?"

> 뒤집힌 카드의 숫자에
> 3을 더한 숫자를 지도에서
> 찾아가시오.

물고기 비늘 문신의 수학

"**왓**슨, 우리 의뢰인의 잉어 문신을 봤나? 마치 비늘마다 숫자가 하나씩 붙은 숫자판 같더군. 그리고 물고기 비늘처럼 이 숫자들도 균형을 이루고 있어. 각 숫자는 다른 비늘에 있는 숫자와 결합해서 10을 이루지. 1과 9, 4와 6처럼 말일세."

"하지만 딱 한 숫자만 짝이 없다네. 어떤 숫자일까?"

짝이 없는 숫자에서 2를 곱하고 1을 뺀 값을 지도에서 찾아가시오.

메시지 속의 메시지

To THE RED-HEADED LEAGUE. - On account of the bequest of the late EzekiaH Hopkins, of LEbanon, Penn., U.S.A. thRE is now AnoTther vacancy open which enTitles a mEmber of the League to a salary of four pouNds a week for purely nominal services. All red-headed men who are sound in body and mind, and above the age of twenty-one years, are eligible. Apply in person on Monday, at eleven o'clock, to Duncan Ross, at the offices of the League, 7 Pope's Court, Fleet Street.

붉은 머리 협회 공고 - 미국 펜실베이니아 주 레바논의 에제키아 홉킨스가 사망함으로써 아주 단순한 업무만으로 주당 4파운드가 제공되는 자리에 또 다른 공석이 생겼습니다. 심신이 건강한 21세 이상의 붉은 머리는 누구나 지원 자격이 있습니다. 지원을 원하시면 월요일 오전 11시에 플리트 가 폽스 코트 7번지에 있는 협회 사무실에 직접 방문하셔서 담당자 던컨 로스를 찾아주시기 바랍니다.

"**정**말 놀랍군, 왓슨! 「모닝 크로니클」 신문에 난 이 공고를 보게."

"작성자는 메시지 속에 메시지를 숨겨서 수백만 독자 중에서 단 한 사람만 진짜 내용을 알아채게 했어. 얼핏 보면 타자를 친 사람이 여기저기에 소문자를 대문자로 잘못 입력한 것 같지만, 같은 실수가 너무 자주 반복되는 걸 보니 의도적으로 그렇게 한 거야."

"숨은 메시지를 알아냈나, 왓슨?"

지도에서 신문을 찾아가시오.

나폴레옹 금화

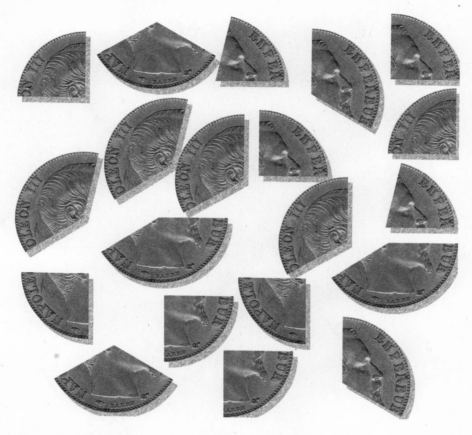

"**범**인들은 금화를 조각조각 잘라놓았네. 이러면 은닉하기가 쉬울 뿐더러 나중에 녹여서 되팔기도 좋지."

"여기 놓인 조각을 맞춰보면 온전한 나폴레옹은 몇 개나 나올까?"

완성된 금화의 수를 세어 2를 곱한 후
지도에서 그 숫자를 찾아가시오.

시계 분침 논리

"**왓**슨, 이 시계는 정말 복잡하기 이를 데 없군. 우리가 쫓고 있는 명민한 범죄자의 작품이 틀림없어. 얼핏 보면 분침을 여러 개 모아 다이얼에 고정시켜 둔 것 같지만, 절대 무작위로 배치하지는 않았을 걸세. 분침이 가리키는 분을 연속된 수로 생각하면 논리적인 규칙을 따른다는 걸 알 수 있지."

"같은 규칙에 따라 분침을 하나 더 끼워넣는다면, 그 분침은 어디를 가리켜야 할까?"

> 새로운 분침이 가리키는 분을 6으로 나누고,
> 거기에서 1을 뺀 후 지도에서 그 숫자를 찾아가시오.

오자 속에 숨은 글

To THE RED-HEADED LEAGUE. - On account of thE beQuest of thE late Ezekiah Hopkins, oF Lebanon, Penn., U.S.A. thrE is Now Another vacancy open Which entitLes a membEr of tHe League to a salary Of Four pOunds a week fOr purely nominal services. All red-headed men who are sound in body and mind, and above the age of Twenty-one years, are eligible. Apply in person on Monday, at eLeVen o'cloCk, to Duncan ROss, at the offices of the League, 7 Pope's Court, Fleet Street.

붉은 머리 협회 공고 - 미국 펜실베이니아 주 레바논의 에제키아 홉킨스가 사망함으로써 아주 단순한 업무만으로 주당 4파운드가 제공되는 자리에 또 다른 공석이 생겼습니다. 심신이 건강한 21세 이상의 붉은 머리는 누구나 지원 자격이 있습니다. 지원을 원하시면 월요일 오전 11시에 플리트 가 폽스 코트 7번지에 있는 협회 사무실에 직접 방문하셔서 담당자 던컨 로스를 찾아주시기 바랍니다.

"숨은 메시지 트릭은 자네 생각처럼 한 번으로 끝나지 않았네, 왓슨. 「모닝 크로니클」 석간을 한 부 요청했더니 붉은 머리 협회의 광고가 또 있더군. 하지만 이번에는 오자가 달라졌어! 이번에도 몇몇 글자가 뚜렷한 이유도 없이 대문자로 쓰여 있는데, 아까처럼 읽으니 아무 메시지도 안 나오더군. 조간이랑 비슷한 것 같아도 암호를 푸는 열쇠가 달라진 게 분명해. 어떻게 달라졌을까?"

"새로운 메시지를 읽을 수 있겠나?"

> 메시지의 단어 수에 12를 더한 숫자를 지도에서 찾아가시오.

상점 진열창

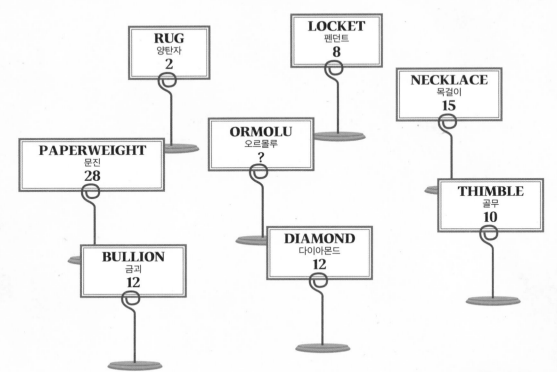

RUG
양탄자
2

LOCKET
펜던트
8

NECKLACE
목걸이
15

PAPERWEIGHT
문진
28

ORMOLU
오르몰루
?

THIMBLE
골무
10

BULLION
금괴
12

DIAMOND
다이아몬드
12

"**이** 보게, 왓슨. 직업이 직업인 만큼 우리 의뢰인의 상점에는 온갖 물건이 진열돼 있네. 하지만 가격 책정에는 명백한 기준이 있어서 누락된 가격을 추측할 수 있지. 가격이 안 적힌 오르몰루는 청동을 도금한 물건을 가리키는 말일세."

이 중 가장 저렴한 상품을
지도에서 찾아가시오.

앨더스게이트 역

"**앨**더스게이트 사람들은 범인의 교활함에 크게 감명을 받은 모양이네. 역 창문에 그의 수법을 광고해주고 있으니 말일세. 직접적으로 써놓을 순 없으니 이런 방법을 고안해 낸 거지."

"암호 체계를 파악해서 메시지를 읽을 수 있겠나, 왓슨?"

다음 페이지로 가시오.

CHAPTER 6

해군 조약

이번 모험은 영국이 세계 주요 영토를 지배한 빅토리아 시대에 핵심 지휘본부였던 런던 외무부에서 시작된다. 현대를 살아가는 우리는 중요한 정부 기관의 보안이 이토록 허술하다는 사실에 놀랄 수밖에 없다.

밤마다 외무부를 지키는 건 꾸벅꾸벅 조는 수위 한 명이며, 비상시 그가 쓸 수 있는 무기라고는 주전자 하나뿐이다. 그런 수위가 종종 곯아떨어지고 가끔 자기 부인을 건물 안에 들이는데도 누구 하나 제재하는 사람은 없다. 더욱 놀라운 건 민감한 문서가 도난당했는데 사무관인 페리 펠프스가 문책을 당하고 수위는 용의 선상에 오르지도 않는다는 점이다.

이러한 안보 문제를 해결할 방법은 논리와 우월한 지성밖에 없기에 사건은 바로 셜록 홈즈에게 맡겨진다. 이에 우리의 명탐정은 수색 범위를 넓히고 아무도 예상치 못한 장소에서 문서를 찾아내고야 만다!

서론에서 설명한 대로 이 챕터에 첨부된 지도를 찢어 여행의 길잡이로 삼으세요. 이번 챕터에서 마주치게 될 기묘한 장소와 사건을 파헤쳐나가는 데 꼭 필요한 도구입니다.

다음 페이지의 첫 번째 퍼즐부터 풀고, 상자 안에 든 힌트를 따라 지도에서 다음 퍼즐의 번호를 찾으세요. 지도의 제목 위에 적힌 번호를 보고 같은 챕터의 해당 퍼즐로 이동합니다.

퍼즐을 하나씩 풀 때마다 지도로 갔다가 다시 퍼즐로 돌아오기를 반복하며 끝까지 완성하세요.

"**어**서 오게, 왓슨. 지금 리트머스 조각을 물그릇에 담가 결과를 알아보려던 참이네. 여기에 사람의 목숨이 달려 있거든."

"연기가 어떤 단어를 만들어 냈나?"

지도에서 자연의 힘을 이용해
움직이는 물체를 찾아가시오.

해군 조약

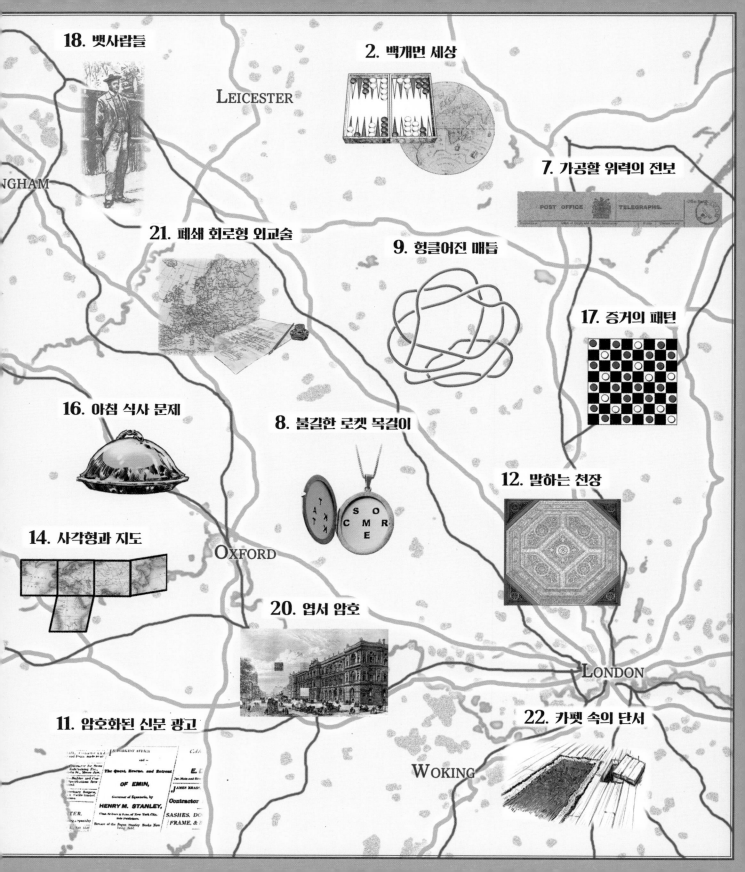

18. 뱃사람들

2. 백개먼 세상

LEICESTER

7. 가공할 위력의 전보

POST OFFICE TELEGRAPHS.

NGHAM

21. 폐쇄 회로형 외교술

9. 헝클어진 매듭

17. 증거의 패턴

16. 아침 식사 문제

8. 불길한 로켓 목걸이

12. 말하는 천장

14. 사각형과 지도

OXFORD

20. 엽서 암호

LONDON

11. 암호화된 신문 광고

WOKING

22. 카펫 속의 단서

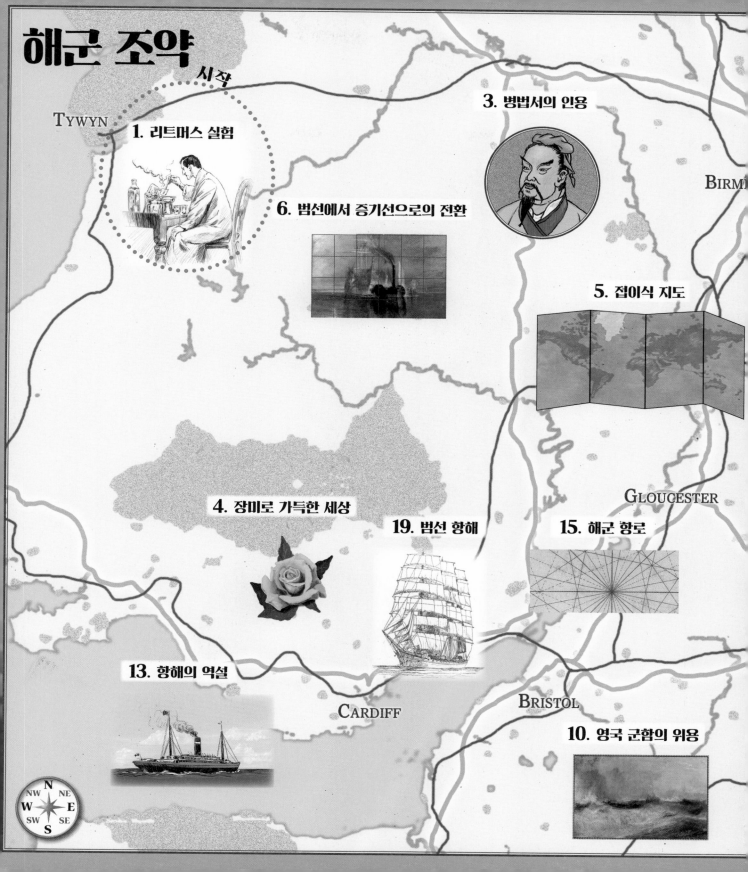

해군 조약

시작

TYWYN

1. 리트머스 실험

3. 병법서의 인용

6. 범선에서 증기선으로의 전환

5. 접이식 지도

BIRMI

GLOUCESTER

4. 장미로 가득한 세상

19. 범선 항해

15. 해군 항로

13. 항해의 역설

CARDIFF

BRISTOL

10. 영국 군함의 위용

백개먼 세상

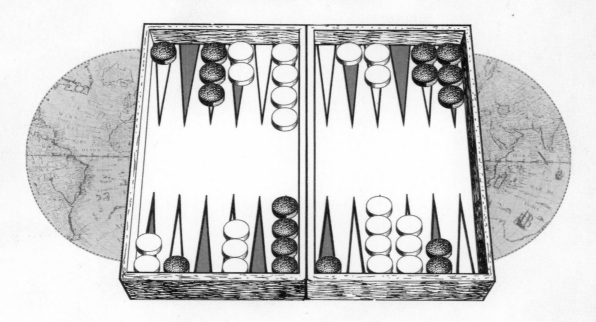

"왓슨, 백개먼Backgammon 게임판은 해군 세계에서 든든한 조약이 왜 필요한지를 보여주는 좋은 예라네. 게임판의 말이 한 포인트에서 다음 포인트로 옮겨가며 사분면을 돌듯 목적지로 떠난 해군 함정은 바다를 항해하며 종종 적함과 마주친다네. 백개먼 게임자들에게 규칙이 필요한 것처럼 군함들 사이에도 확실하고 일관된 협정이 있어야 평화로운 분위기 속에서 임무를 마칠 수 있지. 협정에 논리적인 결함이 있다면 불가피한 전쟁이 일어날 걸세."

"백개먼 판에 배치된 말에서 논리적인 결함을 찾아낼 수 있겠나?"

> 지도에서 일촉즉발의 전보문을
> 찾아가시오.

병법서의 인용

E	H	E	A	E	G	E	N	E	M	E		A	I	B	D	O
F	T	T	F	I	U	H	R	E	T	G		S	R	T	H	O	U
T		W	H	R		I	S	I	M	O		W	U	T		U
U			S		P		T		N	Y						

T	H	E														O
							G									

"왓슨, 우린 최대한 신중하게 움직여야 하네. 지금처럼 의심이 팽배한 세상에서는 하찮은 범죄 때문에 중요한 외교 관계가 위험에 빠질 수 있거든. 중국의 군사 전략가 손자의 교훈을 명심할 때지.

손자는 싸우지 않고 이기는 것이 최고라고 항상 말했지."

"위쪽 판에 있는 글자를 아래쪽 판의 같은 열 중 적합한 칸으로 옮겨 손자의 명언을 완성할 수 있겠나? 각 글자는 한 번씩만 사용할 수 있네."

외교 상황을 하나의 고리처럼 기하학적으로 표현한 그림을 찾아가시오.

장미로 가득한 세상

CHUCKLES
처클

DUCHER
두셰

MOZART
모차르트

NAPOLEON
나폴레옹

SITKA
시트카

VANITY
배니티

ADAM
아담

ALBA
알바

DORTMUND
도르트문트

ALOHA
알로하

BOLERO
볼레로

ERFURT
에르푸르트

PINKIE
핑키

SPICE
스파이스

TWIST
트위스트

"왓슨, 난 장미를 숭배하고 식물학자와 묘목업자 들을 존경한다네. 묘목장에서 새로운 품종을 개발하여 때로는 유명인의 이름을 지어주는 사람들 말이네."

"위의 서로 다른 장미를 공통된 철자가 없는 것끼리 묶어 나폴레옹부터 모차르트까지 배열해보겠나?"

> **사각형으로 세상을 표현하는 지도의 논리를
> 탐험하러 가시오.**

접이식 지도

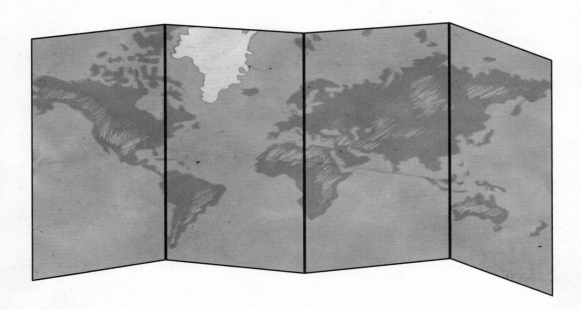

"**지**도의 또 다른 문제점은 접이식이라 다양한 방법으로 접을 수 있다는 거네. 위와 같이 네 부분으로 된 지도를 접는 방법도 놀라울 정도로 많거든."

"네 부분으로 나뉜 지도를 하나로 접는 법은 몇 가지이겠나?"

접는 법이 몇 개인지 세고, 1을 뺀 후
지도에서 그 숫자를 찾아가시오.

범선에서 증기선으로의 전환

"왓슨, 남들은 J. M. W. 터너의 명화 「해체를 위해 예인된 전함 테메레르」 앞에서 한없이 감동하겠지만, 나는 개인적으로 그가 캔버스에 담은 상징이 더 흥미롭네. 조그마한 증기선이 거대하고 웅장한 범선을 마지막 정박지로 끌고가면서 바람을 이기는 증기의 힘과 현대 사회의 시작을 알리고 있지 않나."

"물론 여기에도 논리를 적용해볼 수 있네. 그림을 복사해서 바둑판 모양으로 늘어놓는 동안 몇 조각이 유실됐거든. 바둑판 선을 따라 이 그림을 정확히 반으로 나눌 수 있겠나?"

> 지도에서 메시지가 적힌 목걸이를
> 찾아가시오.

가공할 위력의 전보

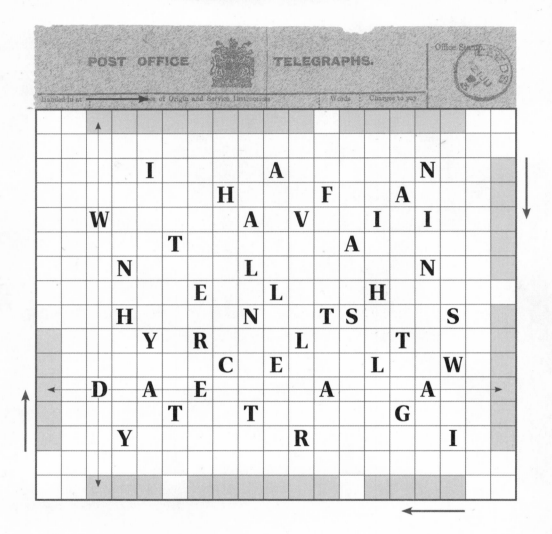

"이 전보가 공개돼 신문에 실린다면 얼마나 큰 파란이 일겠나, 왓슨! 하지만 당장은 전보 내용이 글자판 안에 숨어 있네. 중앙에 있는 글자들이 폭발하면 바깥쪽 보라색 칸으로 튀어나와 시계방향으로 메시지를 드러낼 걸세."

"각 글자를 같은 행 또는 열을 유지하며 가로나 세로로 밀어 본래의 자리로 옮길 수 있겠나?"

지도에서 석간신문을
찾아가시오.

불길한 로켓 목걸이

"**조**셉 해리슨은 자신의 죄와 불운을 잊지 않으려 로켓 목걸이를 하고 다닌다네. 감당 못할 만큼 돈을 잃어서 범죄자로 전락할 뻔했던 장소의 이름이 새겨져 있지. 하지만 글자를 있는 그대로 써놓은 게 아니어서 비밀이 함부로 새어나가지는 못해."

"로켓을 닫으면 어떤 단어가 완성될지 떠올릴 수 있겠나, 왓슨?"

지도에서 좋은 향이 나는
물건을 찾아가시오.

헝클어진 매듭

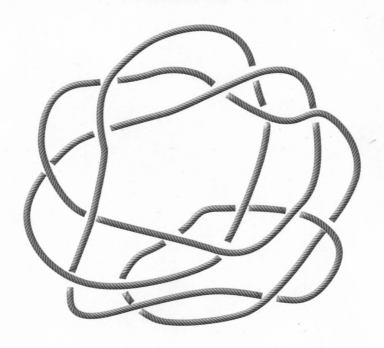

"범선이든 증기선이든 해군 함정에는 밧줄과 매듭이 빠질 수 없네. 예인과 적재, 체결에 필수적인 기술이기 때문이지. 매듭의 논리는 복잡한 범죄사건을 파악하는 데도 도움이 된다네. 논리적 사고를 훈련하는 훌륭한 방법이기도 하고 말이야."

"위의 밧줄을 잡아당기면 매듭이 몇 개나 생길 것 같나?"

매듭의 숫자를
지도에서 찾아가시오.

영국 군함의 위용

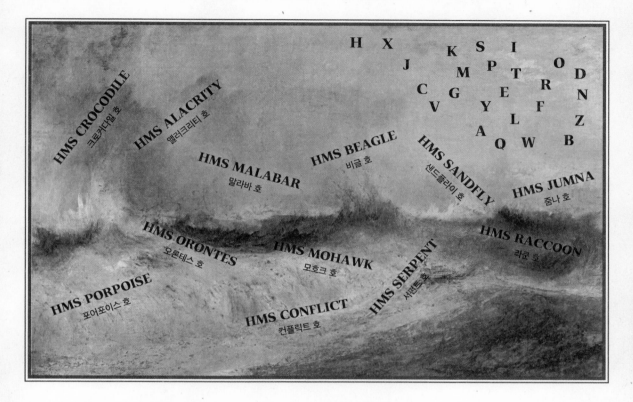

"왓슨, 난 언젠가 재능을 살려 언어도 연구해봐야겠어. 단어와 글자의 사용은 일반적인 논리를 거부하기 때문에 유능한 학자가 깊이 연구할 필요가 있거든. 영국의 힘을 가장 잘 대변하는 왕립함대가 전 세계 바다를 순항하는 모습을 보게. 군함에는 온갖 이름이 다 붙었다네."

"하지만 J. M. W 터너의 그림 「바람에 부서지는 파도」를 보면 용맹스러운 군함 이름 중에 바다에 떠다니는 검은 글자들을 이용해 완성할 수 없는 게 하나 있지."

파도를 피해
안전한 아침식사 테이블로 가시오.

암호화된 신문 광고

A £10 Revard. - The number
of the cob whach dropped a
fare al or about the door of
the Poreign Effice in Charles
Stleet, ot a quarten to ten an
the everint of May 23rd. Apply
221B Baker Street

사례금 10파운드 – 5월 23일 밤 9시 45분
에 찰스 가의 외무부 건물 앞
혹은 근처에서 승차 요금을 떨어뜨린 택시
를 찾고 있음.
베이커 가 221B 번지로 연락 바람.

"**내**가 석간신문에 이 광고를 게재했는데 아무런 연락이 없군, 왓슨. 물론 놀랍진 않아. 연락을 기대한 게 아니니까! 진짜 목적은 외무부에 있는 한 직원에게 비밀 메시지를 전하는 거였지. 퍼시 펠프스의 사무실을 수색해줄 사람인데, 내 신호를 받고 퍼시가 떠난 걸 확신할 때까지 기다리고 있었거든. 다행히 신문사에 다니는 친구 하나가 식자공으로서의 명성이 위태로워지는 것도 감수하고 위와 같은 오타투성이의 글을 게재해줬다네."

"암호화된 메시지를 읽을 수 있겠나?"

지도상으로 볼 때 여기서 북동쪽으로
가장 가까이 있는 퍼즐을 찾아가시오.

말하는 천장

"천장을 보고 놀라지 말게, 왓슨. 이곳 화이트 홀만큼 암호와 비밀 메시지가 넘치는 곳은 세상에 또 없을 걸세. 저마다 자국 대사관이나 외국 정보원과 주고받을 메시지를 감추려 계속해서 새로운 방법을 고안해내지. 이 천장의 글자 배열을 보니 우리가 쫓는 사건을 도와주려는 게 분명하네."

"몇몇 글자가 눈에 띄는군. 저걸로 단어를 만들면 되겠어. 이 글자 배열에 숨어 있는 논리를 파악할 수 있겠나?"

> 눈에 띄는 글자들을 조합하면
> 다음 목적지를 알 수 있다.

항해의 역설

"왓슨, 기술의 한계를 보여주는 흥미로운 역설 문제를 하나 내겠네. 어느 상인이 범선을 타고 목적지까지 6노트로 이동했는데, 출발지로 돌아갈 때는 일이 급해져서 범선이 아닌 증기선으로 갈아탔어. 그리고 증기선 선장에게 왕복 여행의 평균 속도가 12노트가 되도록 전속력으로 항해해달라고 했네."

"증기선 선장은 이 도전을 받아들였을까? 그렇다면 속도를 어느 정도로 내야 할까?"

지도에서 체스판을 찾아가
논리를 시험해 보시오.

사각형과 지도

"외무부는 전 세계를 상대하는 부서라서 방대한 양의 지도가 보관돼 있다네. 그리고 대부분의 지도는 다섯 개의 사각형으로 이루어져 있지. 사각형 다섯 개는 회전이나 대칭에 관계없이 열두 가지 방법으로 조합할 수 있어."

"위의 열한 개 조합을 참고해서 열두 번째 조합을 알아낼 수 있겠나?"

> 지도를 보관하는 최선의 방법을
> 찾아가시오.

해군 항로

"**해**군 함정이 한 항구에서 다른 항구로 이동할 때는 바람과 조류, 시간에 따라 여러 가지 항로를 선택할 수 있지."

"왓슨, 위의 문자들을 이용해 NAVAL이라는 단어를 몇 개나 만들 수 있을 것 같나? N부터 정중 앙의 L까지 바로 인접한 문자끼리 이어가되, 같은 위치에 있는 문자를 한 단어에 두 번 사용할 수는 없네."

검은색과 빨간색으로 된 게임판을
찾아가시오.

아침 식사 문제

"**펠**프스 씨, 저는 극적인 연출을 아주 좋아한답니다. 그래서 당신의 오랜 친구인 왓슨에게 깜짝 놀랄 만한 퍼즐을 준비해달라고 했죠. 이 접시 덮개 중 하나를 열면 당신이 찾는 문서가 들어 있을 겁니다. 하지만 어떤 덮개인지 정확히 고르셔야 합니다."

"식탁에는 규칙에 어긋난 숫자가 두 개 들어가 있는데, 그 둘 사이에 도난당한 문서가 들어 있습니다."

지도의 카펫 밑에 마지막 단서가 들어 있다.

증거의 패턴

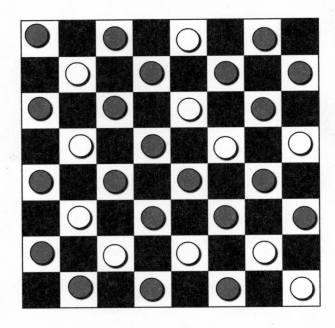

홈즈가 평소처럼 남을 가르치는 듯한 말투로 펠프스에게 말했다. "이번 사건은 증거가 너무 많아 오히려 방해가 됩니다. 그래서 우리에게 제시된 수많은 사실 중 필수적이라고 생각되는 것들만 모아 일련의 사건을 재구축해야 했죠. 이 체스판도 마찬가지여서 지극히 단순한 패턴에 따라 검은 말과 흰 말을 배치해봤습니다. 하지만 딱 한 칸이 패턴에서 벗어나 잘못된 색상의 말이 올라가 있죠."

"제가 구축한 패턴을 알아내 말을 다시 올바른 순서로 배열하실 수 있습니까?"

이제 바다로 돌아가서 거친 날씨를
묘사한 그림을 찾으시오.

뱃사람들

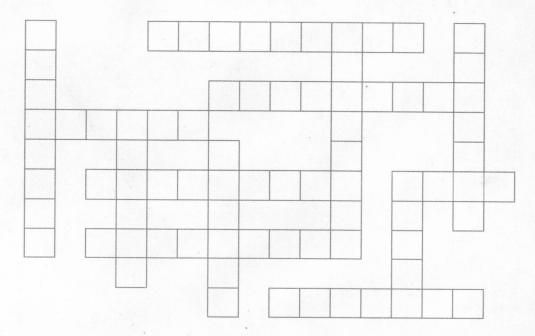

"**왓**슨, 선원은 매우 조직적이고 위아래가 확실한 직업이라네. ARMOURER병기공, BOATSWAIN갑판장, CARPENTER목수, CAULKER누수방지공, CHAPLAIN목사, CLERK사무원, COOK요리사, MASTER마스터, PURSER사무장, ROPEMAKER밧줄 제작자, SAILMAKER돛 제작자, SEAMAN수부, SURGEON의사, YEOMAN통신병 등 배 밖에서는 쉽게 찾아볼 수 없는 직책이 많지."

"이 중 하나는 십자낱말판에 들어가지 않는군. 어떤 건지 알겠나?"

> 항해의 역설을 표현한 곳으로
> 탐험하시오.

범선 항해

FLANKER 플랭커

GENOA 제노아

GENNAKER 제네커

JIB 집

LATEEN 래틴

MAINSAIL 메인세일

MIZZEN 미즌

RINGTAIL 링테일

ROYAL 로열

SKYSAIL 스카이세일

SPINNAKER 스피너커

SPRITSAIL 스프릿세일

LUGSAIL 러그세일

WINGSAIL 윙세일

TURBOSAIL 터보세일

ROTORSAIL 로터세일

F	L	A	N	K	E	R
M	J	I	B	V	A	O
M	I	Z	Z	E	N	Y
Z	R	G	E	N	O	A
E	N	E	E	T	A	L
L	I	A	S	G	U	L
N	O	M	E	A	R	F

A	G	E	N	O	A	F
K	A	R	O	Y	A	L
Y	E	J	N	E	S	A
S	M	I	Z	Z	E	N
A	T	B	R	U	G	K
I	L	E	D	B	A	E
L	A	T	E	E	N	R

"왓슨, 내가 생각을 좀 해봤는데. 비록 그때그때 달라지는 기상 조건에 따라 강력한 바람을 확보하는 섬세한 항해 기술은 점차 쓸모를 잃어가고 있지만, 다음의 범선 목록을 한번 연구해보세. 이 중 여섯 개는 양쪽 글자판에서 모두 발견되는군."

"한쪽 판에만 들어가 있는 배가 어떤 건지 알겠나?"

범선에서 증기선으로의 전환기를 찾아가시오.

엽서 암호

"**여**기 범인의 음모를 드러내는 증거가 더 있군. 공범에게 보내려고 화이트 홀의 엽서를 수정해 암호를 만들었어."

"아주 간단한 시스템으로 범행 파트너에게 정확한 약속 시각을 알려주고 있잖나. 자네 눈에도 보이지?"

"힌트를 하나 주겠네, 왓슨. 담벼락 메시지를 기억한다면 그것과 비슷한 논리가 들어가 있어."

> 정확한 시간을 알아냈으면,
> 이제 지도에서 해당 숫자인 화이트
> 홀의 천장을 찾아가시오.

폐쇄 회로형 외교술

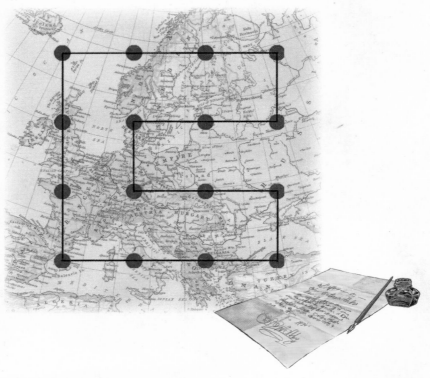

"기억하게, 왓슨. 외교술이란 여러 국가를 특정한 방식으로 정렬시켜 각국의 이익을 최대한 도모하는 기술이라네. 위 지도의 점이 열여섯 개 국가를 의미하며, 여덟 개의 선은 조약이나 동맹을 나타낸다고 가정하세. 모든 선은 각국을 정확히 한 번씩 통과하고, 전체를 묶어 하나의 그룹으로 닫아버리네. 하지만 이 나라들이 선 안에서 닫힌 상태를 유지하게 하면서 여덟 개가 아닌 여섯 개의 선으로 16개국을 정확히 한 번씩만 통과하는 더 나은 방법이 있어."

"자네가 선을 그어보겠나, 왓슨?"

지도에서 실제 바다에 나가 있는
사람들을 찾아가시오.

카펫 속의 단서

"**왓**슨, 이번 모험을 끝내려면 조약문의 원본을 되찾을 수 있는 마지막 단서를 보게. 카펫 속의 도형을 보면 퍼시 펠프스가 도난당한 문서가 어디에 숨어 있는지 알 수 있네."

"정확한 글자에서 시작해 일정한 간격으로 건너뛰며 철자를 써나가면 단서가 나온다네."

> 이제 모든 문제를 풀었습니다.
> 수고가 많았습니다.

〈얼룩 끈〉 정답

1. HELEN헬렌. 지도의 5번으로 간다.

2. 여덟 조각이 빙 돌아가 있다. 원래대로 복원한 그림은 아래와 같다. 지도의 8번으로 간다.

3. 13을 제외하면 모든 숫자가 7의 배수다. 지도의 13번으로 간다.

4. ONCILLA호랑고양이는 문자판에 들어 있지 않다. 목록의 열 번째 단어이므로 지도의 10번으로 간다.

D	N	R	E	G	I	T	H	C	T	A	C
N	O	I	L	E	U	R	C	G	U	O	C
R	A	U	Y	A	L	E	O	P	A	R	D
D	E	Z	N	O	Z	R	U	R	A	M	F
P	I	D	X	O	J	A	G	U	A	R	S
C	A	R	A	C	A	L	A	E	A	L	E
A	T	O	L	E	C	O	R	R	E	O	R
C	O	L	O	C	O	L	O	I	H	C	V
C	U	N	N	A	K	O	D	K	O	D	A
C	H	E	E	T	A	H	T	T	O	R	L
T	A	C	B	O	B	M	A	R	G	A	Y

5. 네 부분이 좌우로 뒤집혀 있다. 20−4=16. 지도의 16번으로 간다.

6. 호루라기의 동의어 : FLUTE피리, HISS쉿 소리, FIFE파이프, SHRIEK비명, TOOT나팔 소리, WHIZ윙윙 소리, TOOTLE피리 소리, SKIRL백파이프 소리, BLARE요란한 소리. 동의어가 아닌 단어는 이번 모험의 키 워드이기도 한 BAND끈이다. 지도의 14번으로 간다.

7. 두 번째만 빼고 전부 분의 각 자릿수를 곱한 값이 시간이다. 지도의 2번으로 간다.

8. BABOON, CAPUCHIN, COLOBUS, DRILL GEMLADA, LESULA, MACAQUE, MANDRILL, MARMOSET, PATAS, ROLOWAY, SAKI, TAMARIN, TITI, UAKARI, VERVET. 셜록 홈즈가 키운 것은 원래 목록에서 네 번째에 있던 SAKI사키원숭이다. 지도의 4번으로 간다.

9. 성냥개비 하나로 E를 완성하면 ADDER살무사가 된다. 지도의 23번으로 간다.

10. 정중앙의 R이 RAN으로 읽히는 방법은 네 가지다. 각각의 M이 R과 이어지는 방법은 하나씩밖에 없다. 그렇다면 4×4=16개의 MORAN이 만들어진다. 지도의 6번으로 간다.

11. 소나무에는 인동덩굴이 따라오고, 그렇다면 타일 지붕이 아니다. 벽돌담은 늘 타일 지붕과 함께이기 때 문에 이 집은 벽돌담이 아니다. 또한 타일 지붕 집에는 소나무가 없다. 지도의 7번으로 간다.

〈얼룩 끈〉 정답

12. 선은 11개가 나온다. 지도의
22번으로 간다.

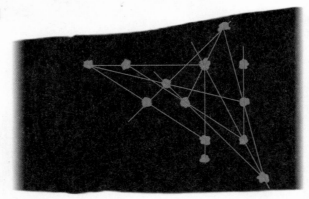

13. Barrel(B), Cylinder(Y), Frame(F), Screw(W), Guard(U), Axis(X) : 6+5=11. 지도의 11번으로 간다.

14. 꼭짓점이 세 개인 별, 네 개인 별 등등이 있다. 끈에는 꼭짓점이 다섯 개인 별이 하나 빠져 있다. 지도의
18번으로 간다.

15. 줄의 양쪽 끝을 잡아당기면 정
확히 한 개의 매듭이 생긴다.
지도의 9번으로 간다.

16. 삼각형 네 개: 작은 삼각형 두 개+두 부분
으로 이루어진 큰 삼각형 두 개. 지도의 19
번으로 간다.

17. 세 쌍: AA, BB, CC.
지도의 3번으로 간
다.

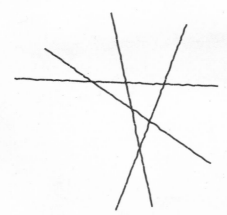

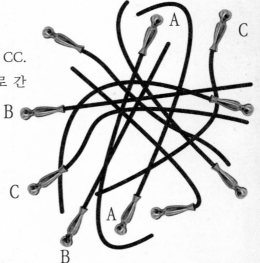

18. 각각의 육각형 내에서 서로 마주보는 숫자들을 더하면 10이 된다. 비밀번호: 9+11=20. 지도의 20번으로 간다.

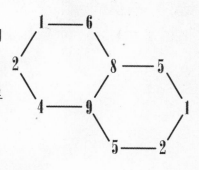

19. 다섯 글자씩 건너뛰면 PRACTITIONER개업 의사. 지도의 12번으로 간다.

20. 지도의 21번으로 간다.

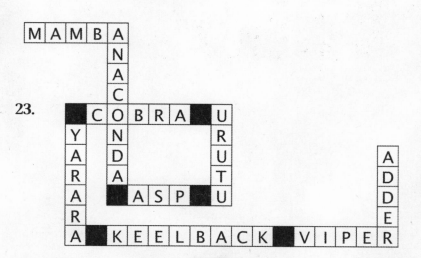

21. 가격은 6/3. 음식 이름인 두 단어의 글자 수 조합. 6+9=15. 지도의 15번으로 간다.

22. 첫 번째 줄만 빼고 나머지는 녹색 보석보다 붉은 보석이 두 개씩 많다. 지도의 17번으로 간다.

23.

M	A	M	B	A								
				N								
				A								
		C	O	B	R	A		U				
Y		N		D				R				
A		N		A				U				A
R		D						T				D
A		A	S	P				U				D
R												E
A	K	E	E	L	B	A	C	K		V	I	P	E	R

〈춤추는 인형〉 정답

1. 완성 단어 : DECIPHERING해독. 지도의 5번으로 간다.

2. 여섯 명이 각각 여러 개의 왼발과 오른발 자국을 남겼다. 지도의 6번으로 간다.

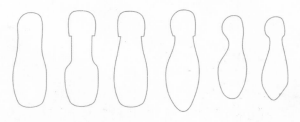

3. 암호문은 다음과 같다. ELSIE PREPARE TO MEET THY GOD엘시 저세상에 갈 각오를 하라. 지도의 12번으로 간다.

4. 네 개의 조각이 뒤바뀌어 있다. 지도의 15번으로 간다.

5. 서로 다른 기호는 열세 개 있다. 13+1=14. 기호의 종류는 아래와 같다.

지도의 14번으로 간다.

6. 위쪽 창을 아래로 끌어내려 세 줄의 암호를 해독하면 'SEE YOU AT THE CHURCH교회에서 보자'가 된다. 지도의 17번으로 간다.

7. PORPOISE – BAT – HEDGEHOG – MINK – VOLE – MUNTJAC – FOX – DEER – STOAT. 지도의 9번으로 간다.

8. CHICAGO시카고. 3+1=4. 지도의 4번으로 간다.

9. 세쌍둥이는 세 개. 3+19=22. 지도의 22번으로 간다.

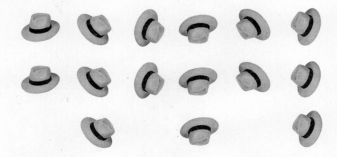

10. 시계 방향이 네 개, 반시계방향이 세 개. 지도의 19번으로 간다.

11. WROXHAM의 X가 없다. 지도의 10번으로 간다.

<춤추는 인형> 정답

12. 고리는 네 가지 크기이며, 각각의 개수는 16-17-18-20개다. 마지막 숫자는 규칙에 따라 20이 아닌 19가 와야 한다. 지도의 20번으로 간다.

14. 엘시는 남편이 모자를 쓴다고 확신해야 한다. 지방 소지주이고 때로 화를 내기 때문에 그는 푸른 눈을 지녔다. 거기에 모자까지 쓴다면 부인의 비밀을 지켜줄 것이다. 지도의 3번으로 간다.

13. 메뉴: HAM TIMBALES햄 팀발
GREEN PEAS완두콩
CREAMED LEEKS크림 리크
BAKED SALMON연어구이
ROAST CHICKEN통닭구이
LEMON SHERBET레몬 셔벗
지도의 18번으로 간다.

15. 아홉 조각 중 하나가 나머지와 맞지 않다. 제일 아래 중앙에 들어갈 조각이다. 지도의 11번으로 간다.

16. 덧셈의 합이 다섯 자릿수이므로 그 중 첫 번째 숫자는 1이어야 한다. 가운뎃줄의 첫 자리도 이와 같은 숫자다. 그러므로 맨 윗줄의 첫 자리는 반드시 9가 되야 합이 10을 이룬다. 이렇게 하면 마지막 줄의 두 번째 숫자는 0이 된다. 가운뎃줄의 두 번째 숫자도 0이다. 그런데 맨 윗줄의 두 번째 숫자는 0을 더했는데도 마지막 줄의 세 번째 숫자와 다르다. 그렇다면 그 오른쪽 열에서 1이 넘어와 더해진 것이다. 2와 3, 3과 4 등등 모든 경우의 수를 확인하고, 같은 사람 모양이 들어간 다른 자리에도 대입해보면, 가능성이 있는 건 5와 6뿐이다. 나머지도 같은 방식으로 따져 보면 숫자를 알아낼 수 있다. 지도의 21번으로 간다.

$$\begin{array}{r} 9567 \\ +\ 1085 \\ \hline 10652 \end{array}$$

17. 다음은 여러 가능한 답 중 하나다.
지도의 13번으로 간다.

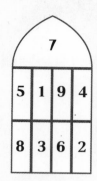

18. 범인 슬레이니만 들어갈 곳이 없다. 지도의 16번으로 간다.

20. 지도의 8번으로 간다.

19. 이 삼인조에는 다른 팀과
겹치는 기호가 하나도 없
다. 지도의 2번으로 간다.

21. MEET ME AT THE WATERING HOLE연못에서 만나자.
지도의 7번으로 간다.

22. SALTPETER초석. 네 글자
씩 건너뛰면 된다.

〈보헤미아의 스캔들〉 정답

1. 파이프대의 주요 부분인 맨 오른쪽 조각이 뒤집어져 있다. 지도의 5번으로 간다.

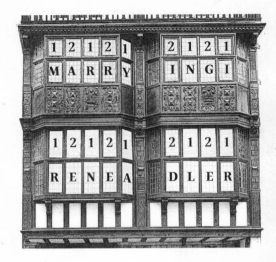

2. 갓프리는 알파벳 각 글자를 번갈아 가며 창문의 숫자만큼 뒤로 밀어 썼다. 창문의 숫자만큼 원위치로 돌리면 "MARRYING IRENE ADLER아이린 애들러와 결혼함"이 된다. IRENE ADLER는 총 열 글자이다. 지도의 10번으로 간다.

3. 계단에는 번갈아 가며 두 개의 수열이 들어가 있다.
하나는 13, 17, 21…… 이렇게 4씩 증가하고, 다른 하나는 12, 15, 19, 24…… 이렇게 매번 증가량이 늘어난다(3, 4, 5……). 마지막 계단은 두 번째 수열에 속해 있고, 그 값은 54+10=64여야 한다. 지도의 9번으로 간다.

4. 이렇게 하면 같은 철자가 들어간 보석끼리 맞붙지 않게 목걸이를 만들 수 있다. AMETHYST, ZIRCON, PLASMA, CHERT, DIAMOND, BERYL, TOPAZ, RUBY, SPINEL, QUARTZ, ONYX, JASPER, FLINT, SARD, IOLITE. 지도의 6번으로 간다.

5. 직선 다섯 개로 만든 닫힌 도형. 지도의 11번으로 간다.

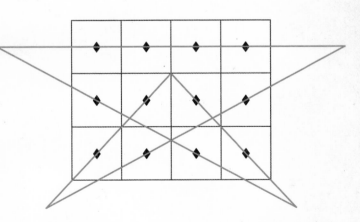

6. 이 부분집합 내의 모피들은 한 단어 안에 중복되는 철자가 없다. 여섯 번째 모피는 MARTEN이다. M은 알파벳 열세 번째 글자다. 지도의 13번으로 간다.

7. 바퀴 톱날에 주목한다. 첫 번째 바퀴의 톱니 하나가 돌아갈 때, 다른 모든 바퀴도 톱니 하나씩 돌아간다. 이 바퀴가 한 바퀴 회전을 마치려면 톱니 스물네 개가 돌아가야 하고, 그렇다면 마지막 바퀴는 24÷12=2바퀴를 돌게 된다. 지도의 17번으로 간다.

톱니 24개

톱니 12개

8. 마차 네 개가 완성된다. 지도의 4번을 찾아간다.

9. SEND DIAMOND TO LADY CLOTILDE클로틸드 양에게 다이아몬드를 보내시오. 이 중 가장 긴 단어는 CLOTILDE로 총 여덟 글자다. 지도의 8번으로 간다.

10. KNIGHTS TEMPLAR템플 기사단. 지도의 14번으로 간다.

11. CONTEMPT는 글자판에 딱 한 번만 들어가 있고, 목록의 일곱 번째 단어다. 지도의 7번으로 간다.

```
S I A I T
E D M L O N
N D O D L
T D N E C
O L A D Y
```

12. A SECRET IS SOMETHING YOU SHARE WITH ONLY ONE PERSON AT A TIME거짓말은 한 번에 한 사람과 공유하는 것이다. 미셸 오디아르가 남긴 말이다. 지도의 16번으로 간다.

A		S	E	C	R	E	T		I	S		S	O	M	E	T
H	I	N	G		Y	O	U		S	H	A	R	E		W	I
T	H		O	N	L	Y		O	N	E		P	E	R	S	O
N		A	T		A		T	I	M	E						

〈보헤미아의 스캔들〉 정답

13. 서로 구분된 영역은 총 열 개다(사진 프레임 바깥쪽 영역도 잊지 말고 포함시키기). 10×2=20. 지도의 20번으로 간다.

14. 모든 숫자는 두 개의 소수를 곱한 값이다.

21 = 3 × 7

65 = 5 × 13

33 = 3 × 11

…단 하나 예외는 소수 세 개를 곱한 18=3×3×2이다. 지도의 18번으로 간다.

15. 책장에는 각각 여섯 권의 책으로 구성된 여섯 개 그룹이 있는데, 그 안에는 똑바로 서 있는 책, 왼쪽으로 기울어진 책도 있다. 각 그룹에는 네 권의 두꺼운 책과 두 권의 얇은 책이 있지만, 아랫줄 맨 오른쪽 그룹만 예외다. 지도의 3번으로 간다.

16. 본문에 언급된 장소는 아이린 애들러의 별장이다. 지도의 19번으로 간다.

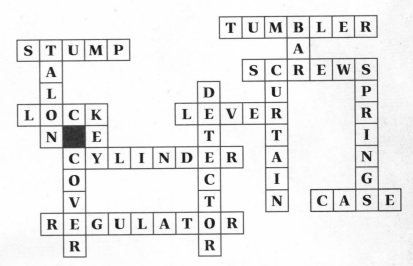

17. 하트와 다이아몬드 카드는 검은색, 스페이드와 클로버 카드는 빨간색이다. 지도의 21번으로 간다.

18. I는 R과 붙어 있고 R은 E와 연결되는데, 여기서 E가 N을 만나지 않는다. 이대로는 IRENE아이린이라는 이름과 ADLER애들러라는 성이 완성되지 않는다. 지도의 22번으로 간다.

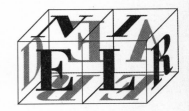

19. 메시지를 전부 파악하는 건 어렵지만, TEMPLE(템플. 이전 퍼즐에서 홈즈가 언급함)이라는 단어가 포함돼 있다. 전문은 다음과 같다. I JUST LEFT THE TEMPLE IN A HURRY TO MARRY YOU IMMEDIATELY AT THE CLOSEST CHURCH당장 가까운 교회에 가서 당신과 결혼하려고 이너템플을 서둘러 빠져나왔어. 지도의 2번으로 간다.

20. 아래의 순서대로 읽으면 체셔 고양이는 사려 깊지 않은 말을 삼가기 때문에, 신뢰를 저버리지 않고 비밀을 지킨다.

> *체셔 고양이는 자연스럽게 웃는다.*
> *웃는 동물치고 동정심이 없는 동물은 없다.*
> *동정심은 존경심을 낳는다.*
> *존경심은 사려 깊지 않은 말을 막는다.*
> *입술이 가벼운 존재만이 신뢰를 저버린다.*
> *모든 비밀은 신뢰를 바탕으로 한다.*

지도의 12번으로 간다.

21. 전부 일렬로 배치하면 씨앗 세 개로 생성되는 직선이 열 개 나온다. ABC-ABD-ABE-ACD-ACE-ADE-BCD-BCE-BED-CDE. 지도의 15번으로 간다.

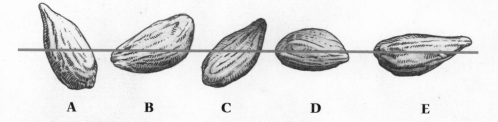

22. A, B, C는 각자 나머지 두 고리를 단단히 걸어두고 있지만, D는 C의 위이자 A의 아래에 있어서 자유롭게 떠다닐 수 있다.

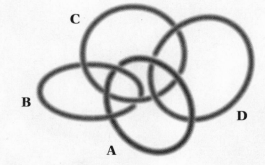

〈바스커빌 가의 사냥개〉 정답

1. 지팡이 여섯 개를 전부 테이블에 늘어놓는 대신 세 개로 삼각형을 만들고, 나머지 세 개를 세워 정사면체인 피라미드를 만든다. 지도의 9번으로 간다.

2. HARP하프, LUTE류트, FIDDLE피들(바이올린), SPINET스피넷, GUITAR기타, LYRE리라, BANJO밴조, CELLO첼로는 전부 악기지만, FACES얼굴은 예외다. 지도의 11번으로 간다.

3. 창문 두 개를 겹치면 초가 마치 시계의 시침과 분침처럼 보인다. 따라서 비밀 메시지는 '10시 5분에 만나자'였다. 지도의 20번으로 간다.

4. 일곱 개의 연산 기호가 필요하다.
   (3×9)×(25×4))+((7+1)÷(8-6))=2704. 지도의 18번으로 간다.

5. 잡초인 CLOVER클로버, HEMLOCK독미나리, NETTLES서양쐐기풀, PARSLEY파슬리, THISTLE엉겅퀴를 완성할 때 불필요한 철자를 모으면 INSECTS곤충이 된다. 지도의 14번으로 간다.

6. 그렇다, 공포에 사로잡히려면 상상력이 필요하다. 공포는 참을 수 없기에 공황상태를 유발하고 따라서 두려워진다. 두려우려면 위험을 느껴야 하고, 그러려면 위협을 인지해야 하며, 이를 위해 결과를 인식해야 하는데 이는 상상력에서 기인한다. 그러므로 상상력이 없으면 공포에 사로잡히지 못한다. 지도의 21번으로 간다.

7. 오른쪽 열의 분을 표시하는 숫자는 전부 1에서 26 사이에 들어간다. 이것이 알파벳 순서를 의미한다고 가정하면, 메시지는 'KEEP GATE CLOSED대문을 닫아놓으시오'다. 지도의 19번으로 간다.

8. 완성 경로. 지도의 5번으로 간다.

```
1 7 5 8 3 7                               2
        9             7 2 5 4 3 7
        7       8           8             3
9 7 1 6 4 2 3 5             3             6
2       2       8           4             5
4       5 9 3 2 9           1             2
6       7       1 8 7 9 5 6 2 3 4 5
5           3             7 1 3 1 6
3 2 7 9 8 5 4 7 4 3 9       6             4
4 2       5       8         4             3
9 4 2 5 8 1 3 3 7 6 1       5             2
7       2       3           2             7
2       6           4 2 9 7 5 1 9
4 5 6 9 7 5 4     6       8 5 1 0
```

9. 열네 개. 14-1=13. 지도의 13번으로 간다.

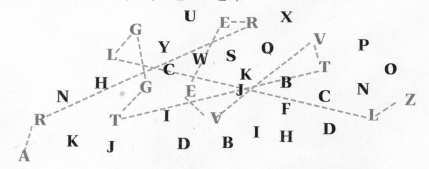

10. 왼쪽 T는 세 개의 O와 연결되고, 이런 O는 각각 두 개의 TOR를 만들어낸다. 중간의 T는 네 개의 O와 연결되고, 이런 O는 각각 두 개의 TOR를 만들어낸다. 오른쪽 T는 두 개의 O와 연결되고, 이런 O는 각각 두 개의 TOR를 만들어낸다. 그렇다면 총 3×2+4×2+2×2=18의 TOR가 생긴다. 18-1=17. 지도의 17번으로 간다.

11. 표정은 총 다섯 개. 5+3=8. 지도의 8번으로 간다.

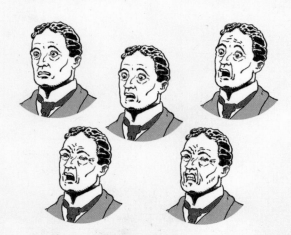

12. FREEDOM자유을 REASON이성으로 수정했다. 일곱 글자. 7+9=16. 지도의 16번으로 간다.

> as you value your
> life or your
> freedom keep away
> from the moor

13. 해독한 내용은 'BLAZING EYES AND DRIPPING JAW불타는 눈빛과 침 흘리는 주둥이.' 지도의 6번으로 간다.

B	L	A	Z	I
N	G	E	Y	E
S	A	N	D	D
R	I	P	P	I
N	G	J	A	W

14. 다음은 여러 방법 중 하나다.

ANT, BEETLE, MOSQUITO, WASP, WEEVIL, BUTTERFLY, LOCUST, MAYFLY, MOTH, CRICKET, APHID, GNAT, SCARAB, TERMITE (ANT). 지도의 10번으로 간다.

15. 큐브에 쓰인 단어는 PHOSPHORUS인이다. 지도의 22번으로 간다.

16. 양쪽 끈에 두 개씩 해서 총 네 개. (그리고 양쪽이 서로 맞물려 있다). 지도의 4번으로 간다.

17. 암호는 COUNTERCLOCKWISE반시계방향. 지도의 12번으로 간다.

18. 독립적인 영역은 스물한 개가 생긴다. 지도의 7번으로 간다.

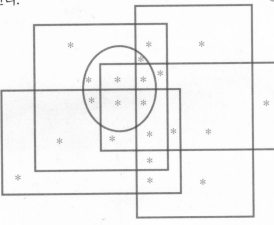

19. 왼쪽 문의 숫자판과 같은 위치에 있는 오른쪽 숫자판으로 14, 21, 28 등의 두 자릿수를 만든다. 12만 제외하고 전부 7의 배수다. 1+2=3. 지도의 3번으로 간다.

20. 메시지는 'BURN THIS LETTER AND BE BY TEN AT THE GATE 이 편지를 불태우고 열 시까지 대문으로 오시오' 다. 지도의 15번으로 간다.

21. 단어는 CURSE저주다. 지도의 2번으로 간다.

22. 향기는 JESSAMINE재스민이다.

```
A B J V E T I V E J E A
G B E R G A M O T E H C
A M S U V E B E W S I E
A R Y S A N D A L W S O D
G R A F R O S E N A E A
A R M O N X I M C M L R
L H I L K A L I A I K O
B E N A X L P O R N I S
A J E S S A M I N E L E
N A L P R E D N E V A L
U P X I L U O H C T A P
M L K N E X K S I R R O
L A V E N D E R K X A L
```

〈빨강 머리 연맹〉 정답

1. 목록의 색조 중 CANDY가 빠져 있다. 지도의 9번으로 간다.

2. 양쪽 조각에 온전한 칸이 열두 개 들어 있다. 12-1=11.
   지도의 11번으로 간다.

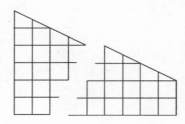

3. 에이스는 A, 2는 B, 3은 C 등으로 읽는다. 그러면 'HIDE A BAG가방을 숨겨라'가 된다. 8-1=7. 지도의 7번
   으로 간다.

4. 왼쪽 제일 아래 조각이 맞지 않는다. 나머지 다섯을 맞추
   면 열여섯 개의 작은 정사각형을 만들 수 있다. 16+2=18.
   지도의 18번으로 간다.

5. 서로 다른 지문이 세 개 있다. 지도의 19번으로 간다.

6. ATFNDULPZ. 지도의 22번으로 간다.

7. 천재는 창의적이라서 공상에 잠기고 따라서 시를 좋아하며, 그렇다면 음악을 싫어할 리가 없다. 반대로 빨강 머리는 단호한 성격이라면 어리석고, 거기에 머리까지 길면 음악을 싫어한다. 음악을 싫어하고 장발인 단호한 성격의 빨강 머리가 천재일 리는 없다. 지도의 15번으로 간다.

8. 자물쇠를 각각 A, B, C라고 하자. A와 B의 열쇠를 첫 번째 사람에게, B와 C의 열쇠를 두 번째 사람에게, C와 A의 열쇠를 세 번째 사람에게 주면 총 여섯 개의 열쇠가 필요하다. 이렇게 하면 한 사람이 열 수 있는 자물쇠는 두 개뿐이고, 두 명이 모여야 세 개를 모두 열 수 있다. 6×2=12+5. 지도의 17번으로 간다.

9. PAWNBROKER전당포 주인(세 글자씩 건너뜀). 지도의 21번으로 간다.

10. 여러 방법 중 하나는 다음과 같다. IDIOT, CHUMP, FOOL, CRETIN, DUMMY, CLOT, NINNY, CLOD, PRAT, DUNCE, BOZO, STUPID, GOOF, TWIT, BERK, HALFWIT, MORON. 가장 긴 동의어인 HALFWIT은 일곱 글자다. 7-1=6. 지도의 6번으로 간다.

11. 세 가지 상품은 은, 금, 루비다.

은이 가장 저렴한데, 알렉스는 이걸 사지 않았다. 버트는 누구보다 많은 돈을 썼고, 은을 사지 않았다. 그럼 은을 샀을 만한 사람은 케일럽뿐이다.

버트는 금보다 비싼 물건, 즉 루비를 샀다. 금을 샀을 만한 사람은 알렉스뿐이다.

알렉스Alex의 영어 철자 수는 4다. 4+1=5. 지도의 5번으로 간다.

〈빨강 머리 연맹〉 정답

12. 지도의 10번으로 간다.

```
            V                         M A R G A R E T
          N E W M A N                               H
      S     R E               G                     A
      Y     R E         B L O O M S B U R Y         Y
      C           N D           S                   E
      A       C L E R K E N W E L L                 R
      M           V           E           L
    B O N D       I           R           L
      R           L                 W E L L S
    T H E O B A L D S
              E
```

13. 왼쪽 위부터 처음 네 개의 동전을 ABCD라고 하자. 이 배열이 반복적으로 회전되며 ABCD, BCDA CDAB, DABC를 이룬다. 열다섯 번째 동전이 처음으로 잘못 들어가 있다. B가 와야 할 자리에 C가 있다. 15-1=14. 지도의 14번으로 간다.

14. 1853년. 꼭짓점 네 개인 별이 한 개, 꼭짓점 다섯 개인 별이 여덟 개, 꼭짓점 여섯 개인 별이 다섯 개, 꼭 짓점 일곱 개인 별이 세 개이기 때문이다. 지도의 3번으로 간다.

15. 카드를 에이스 클로버부터 가로로 한 줄씩 읽는다. 더해졌을 때 숫자가 증가하는 폭이 클로버는 1, 다이아몬드는 2, 스페이드는 3, 하트는 4이다. 카드의 끗수는 1부터 10까지 커지다가, 그걸 넘어가면 다시 1로 돌아온다. 예를 들어 9+4=3. 뒤집힌 카드의 끗수는 10+1(클로버)=1이다. 또한, 다음 카드가 3이므로 2를 더해주는 다이아몬드다. 1+3=4. 지도의 4번으로 간다.

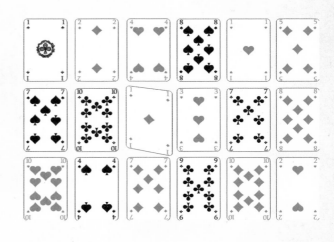

16. 비늘에는 3이 없기 때문에, 7이 10을 이루지 못하고 혼자 남는다. 7×2=14. 14-1=13. 지도의 13번으로 간다.

17. 오타인 대문자를 연결하면 'HERE AT TEN여기서 열 시'가 된다. 지도의 20번으로 간다.

18. 다음과 같이 잘린 동전이 여섯 개.
6x2=12. 지도의 12번으로 간다.

19. 4에서 시작해 한 번은 3씩, 한 번은 5, 6, 7, 8, 9처럼 점점 커지는 숫자만큼 번갈아 더한다. 4+3=7;+5=12;+3=15;+6=21;+3=24;+7=31;+3=34;+8=42;+3=45. 새로운 분침은 45+9=54분을 가리켜야 한다. 54÷6=9-1=8. 지도의 8번으로 간다.

20. 이번에는 오타인 대문자의 바로 다음 글자를 모으면 'BULLION HERE FOUR WEEKS여기서 금괴 4주'가 완성된다. 4+12=16. 지도의 16번으로 간다.

To THE RED-HEADED LEAGUE. - On account
of the BeqUest of the Late Ezekiah Hopkins, oF
Lebanon, Penn., U.S.A. thre Is nOw aNother
vacancy open wHich entitlEs a membeR of thE
League to a salary oF fOur poUnds a week foR
purely nominal services. All red-headed men
who are sound in body and mind, and above
the age of tWenty-one years, are eligible. Apply
in person on Monday, at elEvEn o'clocK, to
Duncan RoSs, at the offices of the League,
7 Pope's Court, Fleet Street.

21. 모든 물건 가격은 영어 철자의 모음 수와 자음 수를 곱한 값이다. 오르몰루Ormolu의 가격은 3×3=9. 지도의 2번으로 간다.

22. 각각의 창문은 알파벳의 바로 앞뒤 글자를 통해 한 글자를 안에 감추고 있다. (예를 들어 GI는 H를 의미). 그렇다면 메시지는 'HE DUG A TUNNEL그는 터널을 팠다'가 된다.

〈해군 조약〉 정답

1. 연기 속 단어는 GUILTY죄책감. 지도의 19번으로 간다.

2. 오른쪽 위만 빼고 모든 사분면에서 말의 수는 1, 2, 3, 4개다. 지도의 7번으로 간다.

3. 완성된 격언은 'THE SU-PREME ART OF WAR IS TO SUBDUE THE ENEMY WITHOUT FIGHTING싸우지 않고 이기는 것이 최고의 기술이다'. 지도의 21번으로 간다.

T	H	E		S	U	P	R	E	M	E		A	R	T		O
F		W	A	R		I	S		T	O			U	B	D	U
E		T	H	E		E	N	E	M	Y		W	I	T	H	O
U	T		F	I	G	H	T	I	N	G						

4. 이렇게 배열하면 공통된 철자가 없는 것끼리 맞붙는다.

NAPOLEON, TWIST, DUCHER, SITKA, BOLERO, VANITY, CHUCKLES, ADAM, ERFURT, ALOHA, SPICE, DORTMUND, ALBA, PINKIE, MOZART. 지도의 14번으로 간다.

5. 각 부분을 A, B, C, D라고 하자. 먼저 A와 B를 생각해보면, A를 B의 위로 접을 수도, 아래로 접을 수도 있다. 이처럼 D도 C의 위로 접는 방법과 아래로 접는 방법이 있다. 여기까지 경우의 수는 2×2=4다.

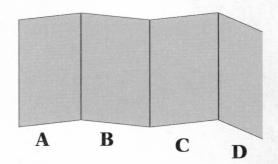

다음으로는 아래와 같이 마무리한다.

- AB를 CD 위로 접기
- AB를 CD 아래로 접기
- AB를 C와 D 사이로 접어 넣기
- CD를 A와 B 사이로 접어 넣기

그럼 최종적으로 경우의 수는 4×4=16. 16-1=15. 지도의 15번으로 간다.

6. 다음처럼 똑같이 나눈다. 지도의 8번으로 간다.

7. 'WHITEHALL SIGNS NAVAL TREATY WITH FRANCE AND ITALY 화이트홀이 프랑스, 이탈리아와 해군 조약을 맺는다.' 지도의 11번으로 간다.

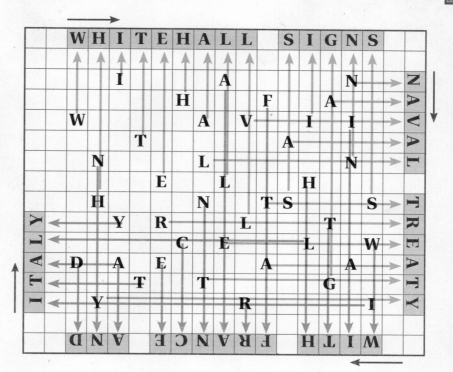

8. 로켓에 쓰인 글은 'STOCK MARKET 주식 시장'이다. 지도의 4번으로 간다.

9. 매듭은 세 개. 지도의 3번으로 간다.

10. 떠다니는 알파벳 중에 U가 없기 때문에 HMS JUMNA줌나 호는 완성할 수 없다. 지도의 16번으로 간다.

11. 오타들을 사리에 맞는 글자로 바꾸면 숨은 메시지가 나온다. 'WAIT FOR A RING전화를 기다리게.' 지도의 20번으로 간다.

A£10 Reward. - The number of the cab which dropped a fare at or about the door of the Foreign Office in Charles Street, at a quarter to ten in the evening of May 23rd. Apply 221B Baker Street

12. 다른 글자들은 두 군데에서 보이는데 K, N, O, T, S만 한 번씩 들어가 있다. 지도의 9번으로 간다.

⟨해군 조약⟩ 정답

13. 평균 12노트의 속도로 왕복 여행을 하는 데 4일이 걸린다고 하자. 떠날 때는 전체 여정의 절반 거리를 6노트로 갔으니 총 4일이 걸렸을 것이다. 이미 4일이 흘러갔으니 되돌아올 시간이 남아 있지 않다. 이 도전은 불가능하다.

지도의 17번으로 간다.

14. 열두 번째 조합. 지도의 5번으로 간다.

15. 한가운데의 L부터 시작해 NAVAL이 아닌 LAVAN이 되는 경우의 수를 센다.

L이 위쪽 A와 이어지면 VAN 두 개와 연결된다.
위아래 총 네 개의 LAVAN이 생성된다.
L이 왼쪽 A와 이어지면 VAN은 여섯 개와 연결된다.
왼쪽과 오른쪽 총 열두 개의 LAVAN이 생성된다.
따라서 NAVAL로 읽는 방법은 전부 열여섯 가지다. 지도의 2번으로 간다.

16. 7과 10의 자리가 바뀌면, 가로, 세로, 대각선으로 모든 숫자의 합이 각각 34가 된다. 따라서 16번 덮개 안에 문서가 들어 있다. 지도의 22번으로 간다.

17. 체스판은 왼쪽 맨 위부터 오른쪽 맨 아래까지 두 개의 검은 말과 한 개의 흰 말이 다음처럼 분절된 대각선을 이루며 배열돼 있다. 마지막인 오른쪽 맨 아래는 검은 말이 와야 한다. 지도의 10번으로 간다.

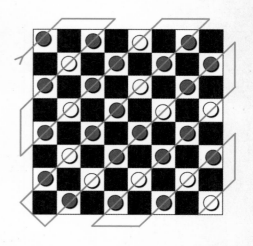

18. 자리가 없는 단어는 MASTER. 지도의 13번으로 간다.

```
C           B O A T S W A I N .   S
H                       R           U
A               R O P E M A K E R   R
P   U R S E R           O           G
L       E       Y       U           E
A   C A R P E N T E R   R   C O O K
I       M       O       E   L     N
N   S A I L M A K E R   E   L
    N           A           R
                N   C A U L K E R
```

19. 양쪽 모두 있는 단어는 FLANKER, GENOA, JIB, LATEEN, MIZZEN, ROYAL. 한쪽에만 있는 단어는 LUGSAIL이다. 지도의 6번으로 간다.

20. 시간은 열두 시다. 잘못된 조각들을 이으면 로마 숫자인 XII가 나타나기 때문이다.
지도의 12번으로 간다.

21. 열여섯 개 지점이 연결된 사각형의 바깥으로 선을 늘어뜨리면, 직선 여섯 개로 닫힌 그룹을 만들 수 있다. 지도의 18번으로 간다.

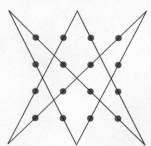

22. PERCY'S ROOM퍼시의 방(세 글자씩 건너뜀).

퍼즐 지도 정답

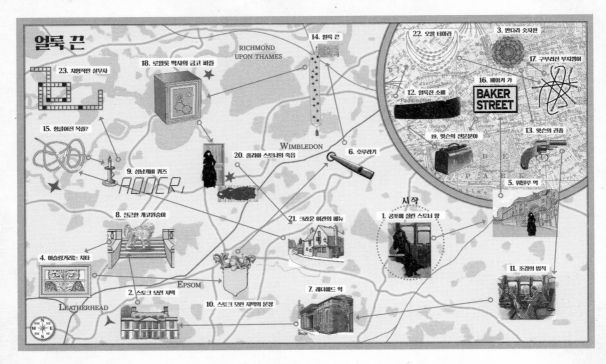

얼룩 끈

- 23. 치명적인 살무사
- 18. 로일롯 박사의 금고 퍼즐
- 14. 얼룩 끈
- RICHMOND UPON THAMES
- 22. 오팔 티아라
- 3. 빤다라 숫자판
- 17. 구부러진 부지깽이
- 12. 얼룩진 소매
- 16. 베이커 가 BAKER STREET
- 15. 헝클어진 낙서?
- 9. 성냥개비 퀴즈 ADDER
- 20. 줄리아 스토너의 죽음
- WIMBLEDON
- 6. 호루라기
- 19. 왓슨의 전문분야
- 13. 왓슨의 권총
- 5. 워틸루 역
- 8. 진근한 개코원숭이
- 21. 크라운 여관의 메뉴
- 시작
- 1. 공포에 질린 스토너 양
- 4. 어슬렁거리는 치타
- 2. 스토크 모런 저택
- 10. 스토크 모런 저택의 문장
- EPSOM
- 7. 레더헤드 역
- 11. 조경의 법칙
- LEATHERHEAD

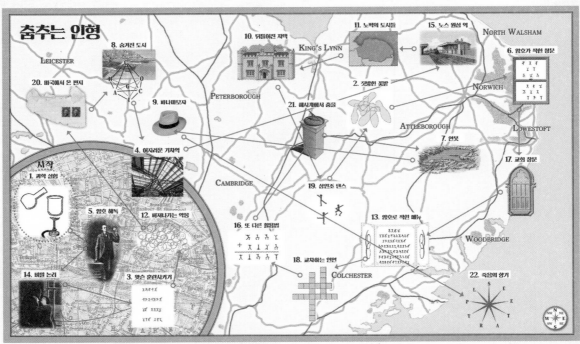

춤추는 인형

- 8. 숨겨진 도시
- LEICESTER
- 10. 뒤틀어진 저택
- KING'S LYNN
- 11. 노퍽의 도시들
- 15. 노스 월섬 역
- NORTH WALSHAM
- 6. 암호가 적힌 창문
- 20. 미국에서 온 편지
- 2. 쟁쟁한 꽃밭
- NORWICH
- 9. 파나마모자
- PETERBOROUGH
- 21. 해시계에서 춤을
- ATTLEBOROUGH
- LOWESTOFT
- 4. 어지러운 기차역
- 7. 연못
- 17. 교회 정문
- 시작
- 1. 과학 실험
- CAMBRIDGE
- 19. 삼인조 댄스
- 13. 암호로 적힌 메뉴
- WOODBRIDGE
- 5. 암호 해독
- 12. 퍼져나가는 악몽
- 16. 또 다른 활용법
- 18. 교차하는 인연
- COLCHESTER
- 22. 죽음의 향기
- 14. 비밀 논리

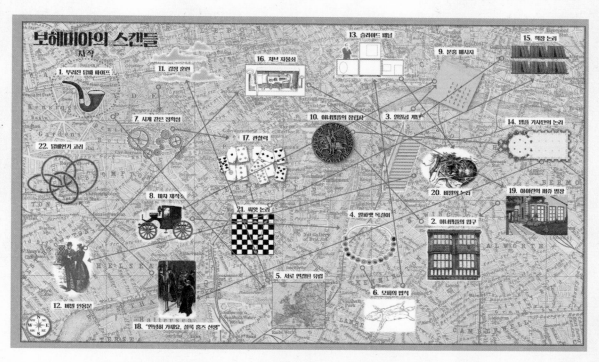

퍼즐 지도 정답

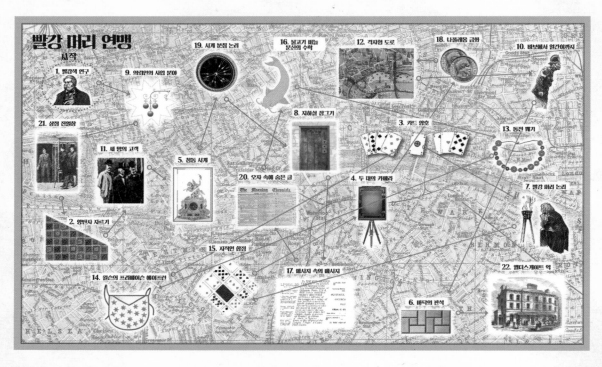

빨강 머리 연맹
시작

1. 빨강색 연구
9. 악덕인의 사업 분야
19. 시계 분침 논리
16. 불고기 비늘 분신의 수학
12. 격자형 도로
18. 나폴레옹 금화
10. 바보에서 일간이까지
21. 상점 진열장
11. 세 명의 고객
8. 지하실 잠그기
3. 카드 암호
13. 동전 꿰기
5. 청동 시계
20. 오자 속에 숨은 글
4. 두 대의 카메라
7. 빨강 머리 논리
2. 양탄자 자르기
15. 지적인 활정
17. 메시지 속의 메시지
14. 윌슨의 프레페이스 에어프런
6. 바닥의 관석
22. 앨더게이트 역

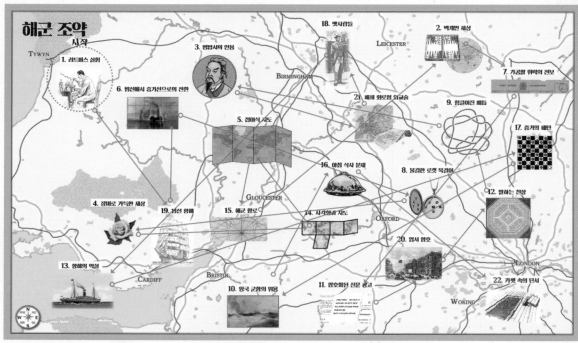

해군 조약
시작

18. 뱃사람들
2. 백개만 세상
LEICESTER
TYWYN
1. 리트패스 실험
3. 범법서의 인용
BIRMINGHAM
7. 가공할 위력의 전보
6. 범선에서 증기선으로의 전환
21. 배체 화로형 외동숨
9. 헝클어진 매듭
17. 증거의 패턴
5. 접어식 지도
16. 아침 식사 분재
8. 불길한 로켓 목걸이
12. 말하는 천장
4. 장미로 가득한 세상
19. 검선 항해
15. 해군 활로
14. 자각화각 지도
GLOUCESTER
OXFORD
20. 엽서 암호
13. 항해의 역설
CARDIFF
BRISTOL
11. 암호화된 신문 광고
10. 영국 군함의 위용
WOKING
LONDON
22. 카펫 속의 단서

— 180 —

셜록 홈즈 두뇌 게임

1판 1쇄 발행 2019년 7월 31일
1판 2쇄 발행 2021년 2월 15일

지은이   피에르 벌로퀸
옮긴이   최지원
펴낸이   한승수
펴낸곳   문예춘추사
마케팅   박건원
디자인   이유진

등록번호 제300-1994-16
등록일자 1994년 1월 24일
주소   서울시 마포구 동교로27길 53 지남빌딩 309호
전화   02-338-0084
팩스   02-338-0087
이메일   moonchusa@naver.com

ISBN   978-89-7604-386-3 03690